路線バスの始まりは1903年、京都から

121年の歴史は
伊達じゃない

キャラもの　クセ強　レトロ

力わざ？まで

魅力いっぱいの

京都のバスが大集合

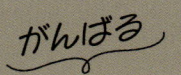

がんばる 自治体運営コミュニティバス

京丹波町食のキャラクター "京丹波 味夢くん" が描かれた京丹波町営バス

南丹市営バス

向日市「ぐるっとむこうバス」

与謝野町コミュニティバスひまわり
（2024年9月末で運行終了）

長岡京はっぴぃバス 　出典：長岡京市

京都市右京区水尾自治会が運営する水尾自治会バス

きょうと京北ふるさと公社「京北ふるさとバス」：スクールバスの表示があるが、一般利用も可能

福知山市の自主運行バス「中六人部バス」：福知山市や舞鶴市では、地域住民で構成されるバス運営協議会がバス運営に一定の責任を持つ方式を採用

「もうひとつの京都」ラッピングバス

海の京都（京都交通）

海の京都（丹後海陸交通）

森の京都（西日本ジェイアールバス）

お茶の京都（奈良交通）

竹の里・乙訓（阪急バス）

ひとクセあります
デザインバス

京都京阪バスの復刻カラーバス

映画撮影のため京都交通時代のデザインになった京阪京都交通のバス

丹後海陸交通が保有するボンネットバス

車内に茶室が備わる京都京阪バス「宇治茶バス」

京都バスの電気バス「e-アラシヤマ号」

昔ながらの待合スペースが残るレトロなバス停（阪急バス・小塩）

社名が入った待合室のあるバス停（丹後海陸交通・野田川丹海前）

京都バス100周年記念ラッピングバス

京都市バス90周年記念イベントでの
記念表示（京都バス）

イベントで見られる太秦萌の
イラスト入り表示（京都市バス）

2009年まで運行していた加悦フェローライン

狭隘区間でバスの進路を確保するため、
路線バスの前を走っていた丹後海陸交通の先導車

京阪バスグループ内でバス車両が移籍するため、京阪宇治交通デザインの京阪バス車両も存在した

2019〜2022年まで実証運行されていた京阪・小金塚地域循環バス

京都駅から美山町（現：南丹市）まで運行されていた西日本ジェイアールバス京鶴線

1995〜2006年まで瑞穂町営バス（現：京丹波町）で運行されていたボンネットバス

京都市バスで運行されていたレトロ調のチンチンバス

京都市バスでは定期観光バスも運行しており、西本願寺と大谷本廟の輸送でも使われていた

旧京都交通の旧塗色バス：その後の新塗色は試験的な意味もあり、複数の種類が存在した

宗祖親鸞聖人七百五十回御遠忌法要にともない2011年に運行された750号系統

知恩院元祖法然上人八百年大遠忌法要にともない2011年に運行された800号系統：
京都市バスの系統番号で使用された最大の数字

京都の路線バス徹底解剖

井上 学 著

Love BUS

本書を発行するにあたって、内容に誤りのないようできる限りの注意を払いましたが、本書の内容を適用した結果生じたこと、また、適用できなかった結果について、著者、出版社とも一切の責任を負いませんのでご了承ください。

バスを知って移動を楽しもう

　私たちの移動のほとんどは移動自体が目的ではなく、あくまでも会社や学校、病院、買い物、観光などで発生するものです。目的地での活動は本源的需要と呼ばれ、そこへの移動は派生的需要と呼ばれます。派生的需要はそれ自体が目的ではないので、できるだけ距離を短く、時間がかからず、お金もかけない行動が求められます。一方で、ジョギングやクルーズ船など移動自体が本源的需要となることもありますし、筆者のようにバスの好きな人は通勤や出張の移動を楽しむことで本源的需要に近づきます。

　路線バスも安全な運行を第一に、利用者のストレスを少しでも解消できるよう、ノンステップバスの導入やバス待ち環境の整備などに取り組んできました。さらに、行先表示器や路線図などもわかりやすくする工夫が見られます。これらは、バス事業者によってそれぞれ違いがあることや、反対に、事業者が異なるけれども一緒に取り組んでいることなど様々です。

　ちょっとした違いや共通項を知ることで移動が少し楽しくなるでしょう。本書は、京都府内のバス事業者の取り組みを知ることで日常のバス移動が楽しくなる、派生的需要から本源的需要に少しでも近づくことで、皆様の移動のストレスが緩和されることを期待しています。特に、京都が好きでバスや電車で観光地へ移動されている方、バスに関心がある方など、関心を深めていただき、さらに本書で書ききれなかったバス事業者の取り組みをご自身で発見されると嬉しく思います。よりバスに詳しい方は「他にこんな取り組みもあるよ」と心の中でツッコミながらお読みいただければ幸いです。

　京都の路線バスの世界にようこそ。そして、皆様の地域で走る路線バスの世界へ！

◎特に記載がないものについては、2024年9月末までの情報です。最新の情報は、事業者のホームページなどでご確認ください。

第3部　見て楽しい、乗ったらもっと楽しい
バスの車両　113

協力 ※順不同

京都市交通局/京阪バス（株）/京阪京都交通（株）/京都バス（株）/京都京阪バス（株）/丹後海陸交通（株）/阪急バス（株）/近鉄バス（株）/奈良交通（株）/西日本ジェイアールバス（株）/（株）ヤサカバス/京都交通（株）/（有）中京交通/醍醐コミュニティバス市民の会/NPO法人気張る！ふるさと丹後町/中六人部バス運営協議会/京福電気鉄道（株）/近江鉄道（株）/高槻市交通部

京都市/福知山市/亀岡市/向日市/長岡京市/八幡市/京丹後市/南丹市/木津川市/宇治田原町/和束町/精華町/南山城村/京丹波町/伊根町/与謝野町

バスがそこを走る理由

路線バスの登場

1. バスは当時のベンチャー産業

　日本初のバス事業は諸説ありますが、（公社）日本バス協会では、京都市内で運行を開始した二井商会が日本のバス事業の始まりとしています。二井商会がバスを運行したのは1903（明治36）年９月20日で、これを記念して1987（昭和62）年に９月20日が「バスの日」と定められました（**図１**）。

　その後、全国各地でバス事業が始まり、1921（大正10）年には全国で349事業者まで増加しました。さらにバス事業が普及するきっかけとなったのは1923（大正12）年の関東大震災といわれています。東京市電が震災によって運休し、復旧には時間がかかるため、バスが市電の代行手段として運行されました。当時のバスは、シャーシ（エンジンや車軸などの下回り）を海外から輸入していました。東京市は市電の代替として大量のバス車両を必要とし、シャーシを国内でも組立できるよう海外メーカーの工場を誘致したのです。そのため、他の事業者もシャーシの調達が比較的容易になり、バス事業が拡大されていきました。

　バスといっても、当時の車両は今よりもずっと小型で、二井商会の車両は６人乗りでした。1929（昭和４）年頃のバスの定員は６〜７人乗りが全国のバス車両（7,160台）のうち44.3％を占めていました。最大30人定員の車両もありましたが、全国で２台しかありません。その後、定員は増加し、十数人乗車できる車両が主流となり、なかには20人弱のやや大きいサイズの車両もありましたが、現在のバスよりもずっと乗車定員が少ないことがわかるでしょう。

　車両が小型ということは、バスの置き場所も小さい面積で済みます。最低でも１台の車両と運転士がいればバス事業が開始できるので、当時のバス事業はベンチャービジネスだったといえるでしょう。実際、バスを運行している個人は多数確認できます。地元の有力者が新たなビジネスとして始めるケースもありました。1929（昭和４）年頃、全国で3,771のバス事業者が存在していましたが、保有車両１台が全体の26.5％、２台が27.4％と極めて小規模な事業者で占められていたことがわかります。

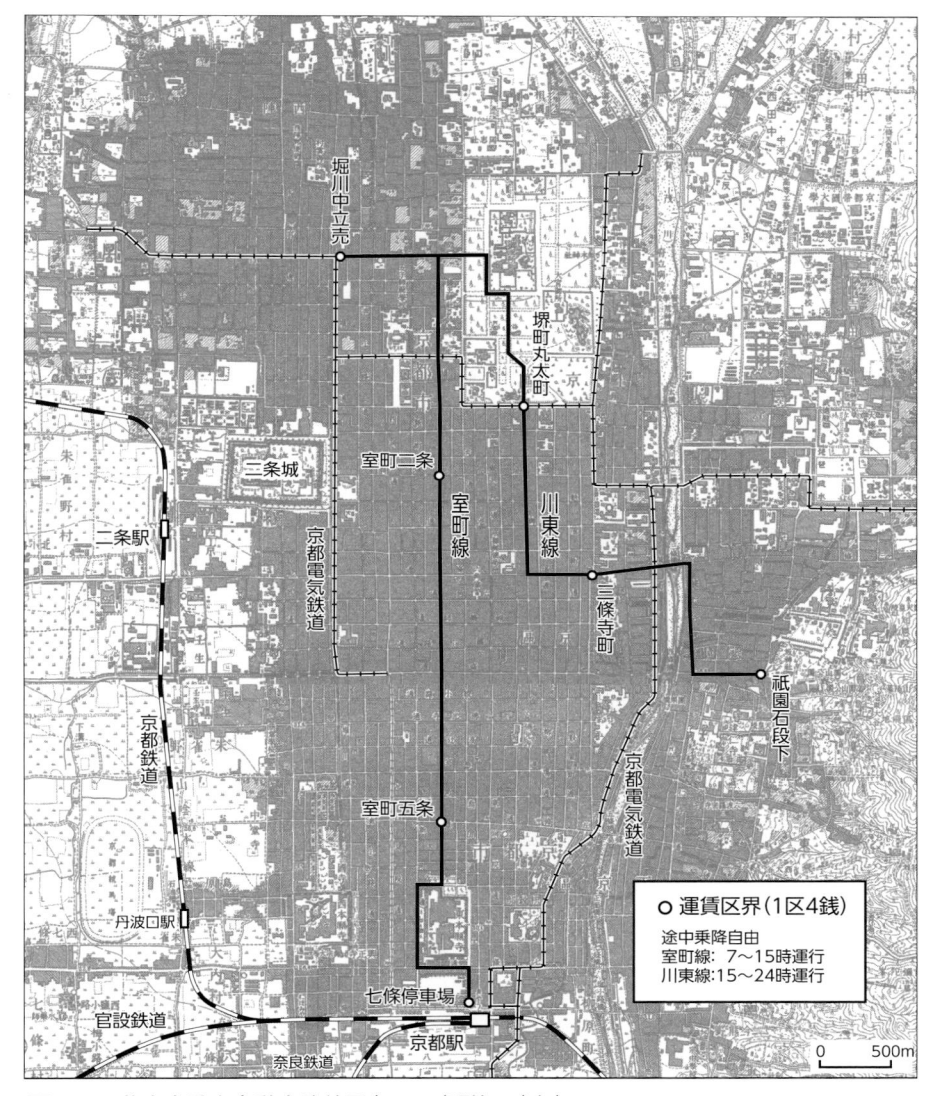

図1　二井商会乗合自動車路線図（1903（明治36）年）

注）• 川東線の京都御苑内と室町線の室町五条〜七條停車場間の経路は筆者推定
　　• 鉄道路線は1903（明治36）年時点。背景図は、2万分の1地形図「京都北部」「京都南部」
　　　（1909（明治42）年測図）を使用
出典：日本乗合自動車協会：「社団法人日本乗合自動車協会十年史」、p.714、1937

表1　1934（昭和9）年における京都府内のバス事業者一覧

事業者名	主な運行エリア	車両数	事業者名	主な運行エリア	車両数
京都市	京都市	91	永井真澄	何鹿郡	2
京阪自動車	京都市	24	昭和自動車合資会社	何鹿郡	4
鞍馬自動車（株）	京都市	16	村山房之介	何鹿郡	1
京都名所遊覧乗合自動車（株）	京都市	12	上林自動車（株）	何鹿郡	3
京都乗合自動車（株）	京都市	11	久木時治郎	何鹿郡	2
雲ケ畑バス（株）	京都市	4	両丹自動車（株）	天田郡	5
鞍馬電気鉄道（株）	京都市	2	北丹鉄道（株）	天田郡	3
合資会社北野自動車商会	京都市	3	丸福自動車（株）	天田郡	1
日本タクシー合資会社	京都市	2	丸川富太郎	天田郡	2
藤井楢七郎	京都市	9	夜久庫太郎	天田郡	1
岩田精一	京都市	2	坪倉信治	加佐郡	14
小山辰造	京都市	2	高橋勘蔵	加佐郡	6
瀬川清之助	京都市	－	柴原楠六	加佐郡	1
瀧口義一	京都市	2	徳田亀蔵	加佐郡	－
長谷川嘉作	乙訓郡	1	天橋立鋼索鉄道（株）	与謝郡	4
男山バス（株）	綴喜郡	3	橋北汽船（株）	与謝郡	1
細谷長太郎外二名	綴喜郡	5	加悦鉄道（株）	与謝郡	－
細田辰治	綴喜郡	2	中西兵治	与謝郡	3
山川熊次郎	綴喜郡	2	井上重助	与謝郡	2
宗健太郎	相楽郡	2	尾上初蔵	与謝郡	2
京北乗合自動車（株）	北桑田郡	1	泉時蔵	与謝郡	1
合資会社京若自動車商会	北桑田郡	8	三津屋善五郎	与謝郡	1
田中卯三郎外一名	北桑田郡	7	後藤米治	中郡	－
田中卯三郎	北桑田郡	3	栗野俊一	中郡	2
能勢妙見自動車（株）	南桑田郡	15	岡田岩蔵	竹野郡	4
三浦喜一	南桑田郡	1	河田有	竹野郡	2
丹波自動車（株）	船井郡	9	野村正夫外二名	竹野郡	2
和知自動車（株）	船井郡	3	瀧野清蔵	竹野郡	1
殿田自動車合資会社	船井郡	2	藤田省二	熊野郡	3
平野秀次郎	船井郡	1	袖長彌太郎	熊野郡	2
佐井国保	船井郡	1			

注）車両数に予備車は含まない
出典：鉄道省編：全国乗合自動車総覧、1934より筆者作成

　表1は1934（昭和9）年時点における京都府内のバス事業者の一覧です。個人や小規模の事業者が多数存在します。これら事業者は比較的車両数も少なく、地域密着の小規模な路線を運行していました。その後、個人経営から会社名への変更が見られるのですが、これは屋号のようなもので、実際は個人や少人数で運営される形態でした。

例えば、京都バスは洛北地域と嵐山地域を主な運行エリアとしていますが、嵐山地域は1925（大正14）年7月23日に千本丸太町〜花園駅前を開業した「藤井楢七郎」（1928（昭和3）年9月28日に嵐山渡月橋まで延長）や1926（大正15）年6月1日に嵐山駅〜嵯峨鳥居本を開業した「瀧口義一」などの個人経営でした。後者は、1927（昭和2）年12月1日に松尾地域まで路線を延長し、1934（昭和9）年8月3日に藤井楢七郎に路線が譲渡されました。藤井氏の個人経営ですが、1934（昭和9）年に商号が「京花自動車」に変わり、翌年、「嵐山バス」に変更されています。嵐山バスは、この地域で鉄道を運行していた京都電燈（現在の京福電気鉄道（株））に買収され、1938（昭和13）年2月に嵐山バス（株）になりました。

2．バス会社 VS 鉄道会社、バス会社 VS バス会社　仁義なき戦い

　バス事業が個人でも始めやすいビジネスということは、事業者間で競争が生じやすくなります。自動車交通事業法（1933（昭和8）年）が施行され、原則「一路線一事業者」となったのですが、このような原則が示される背景には同じ路線上に複数のバス事業者が運行して競争があったことがわかるでしょう。

　京都バスの洛北地域の前身事業者は1922（大正11）年6月8日に開業した洛北自動車（1926（昭和元）年12月26日に鞍馬自動車（株）に変更）ですが、1930（昭和5年）11月30に雲ケ畑地域と植物園を結ぶ「井幡利太郎」のバスが開業しました。これまでバスが運行されていなかった雲ケ畑地域と京都市電が運行されていた京都市街地の外縁部を結ぶバスなので、鞍馬自動車と競合しないように見えますが、鞍馬自動車が運行していた路線の一部と重複するのです。重複する区間を利用する人は、どちらのバスでも自分の都合のよいときに来たバスに乗るので、競合状態となりました。井幡利太郎のバスは1934（昭和9）年に井幡氏より譲受され、雲ケ畑バス（株）になったのち、雲ケ畑バスは鞍馬自動車に合併譲渡（1938（昭和13）年7月30日）され、この問題は解決されました。

　バスよりも早くに鉄道が普及していたので、鉄道事業者にとってもバス路線の拡大は脅威でした。鉄道は建設コストが大きいので、線路の幅を狭くする、非力だけれども安価な車両を導入するなど費用を節約して開業した鉄道も少なくはありません。そのような鉄道は速度も遅いので、並行してバスが運行されると競争が生じるのです。

また、不況により運賃収入が低下した鉄道事業者は鉄道路線の防衛と鉄道利用者の獲得のためにバス事業にかかわるようになりました。京阪電鉄は沿線のバス事業者の増加に着目し、バス事業者を買収することで鉄道とバスの連携を考えたのです。京都では1912（大正元）年に桃山御陵が造営され、多くの人が訪れていました。最寄りの京阪電車伏見桃山駅〜桃山御陵までのアクセス手段として1913（大正２）年11月に（株）日光社がハイヤー営業を始め、1916（大正５）年５月にはバス事業も開始しました。1918（大正７）年11月には日光社の隣で桃山自動車商会がハイヤー営業を始め、駅と御陵のアクセスで競争が始まっていたのです。同じ頃、伏見桃山駅〜国鉄宇治駅には、米友自動車商会がバスを運行していました。

　桃山自動車商会と米友自動車商会を1922（大正11）年７月20日に買収して設立されたのが、桃山自動車（株）です。この会社は1924（大正13）年10月28日に京阪自動車（株）と社名を変更し、1925（大正14）年10月29日には競合していた日光社を買収し、1926（大正15）年１月１日にはバス路線を本格的に運行し始めました。バス事業が安定したため1928（昭和３）年２月１日に京阪電鉄は京阪自動車の経営権を取得し、以降沿線のバス事業者を買収しながら鉄道とバスの連携を進めてきました。

　京都バスも鉄道事業者との競争でした。洛北自動車は1922（大正11）年に出町柳〜岩倉実相院と出町柳〜八瀬〜大原を開業しましたが、1925（大正14）年には出町柳〜八瀬に叡山電鉄が、1928（昭和３）年には鞍馬電鉄が山端（現在の宝ヶ池）〜市原へ、翌年には鞍馬まで鉄道路線を開業しました。洛北自動車が1926（昭和元）年12月26日に鞍馬自動車と商号を変更したのは、鉄道開業に備えてのことだったと考えられます。鞍馬電鉄開業後、鞍馬自動車は運賃を３分の１に値下げ、鞍馬電鉄も1930（昭和５）年５月11日から沿線でバスを運行するなど、乗客誘致の競争が激しくなります。最終的に鞍馬自動車は鞍馬電鉄に買収され、鉄道とバスの戦いに終止符が打たれました。

　一方、京都電燈が買収した嵐山バスは、タクシーも経営していました。京都電燈にとってはタクシーとの競争もふまえての買収で、バスと鉄道の競争だけではなく、当時からタクシーも競争相手の１つだったのです。

　なお、京都市電を運行していた京都市も1928（昭和３）年５月10日に出町柳〜植物園前でバスを運行開始しました。路面電車の補助機関として京都の市街地と郊外を結ぶバス路線や、路面電車が建設されない通りなどでバスが運行さ

鉄道会社とバス会社の密接な関係

1. 鉄道会社がバス会社を運営していた理由 —— バスの縄張りの形成

前述したとおり、バス路線が増加するにしたがって鉄道とバスの競争が出現しました。鉄道路線と並行したバスが運行されると鉄道会社にとっては、利用者をバスに取られる可能性があります。利用者がバスに取られるなら鉄道会社がそのバスを運営すれば、少なくとも収入は自社のものとなります。また、駅と周辺のアクセスとしてバスが運行されることで鉄道会社は駅に利用者を集められます。

そこで、鉄道路線の防備と培養を兼ねて鉄道会社がバスを運営することやバス事業者を買収することが活発化していきました。その結果、バスの縄張りのような路線網が形成されたのです。先述の自動車交通事業法により、原則として1つの路線には1つの事業者が運行することで過度な競争は抑制されたのですが、利用者にとっては途中から別の事業者のバスに乗り換えなければならない不便さが生じます。

京都市内では京都市バスが運行していたため、自動車交通事業法以降、郊外を中心にバスを運行していた会社は、基本的に市内にバス路線を開設できません。1929（昭和4）年以降、京都市は隣接町村を編入し、市域が拡大していきます。それに合わせて市バスの路線を開設すると既存のバス路線とどこかで競合する可能性が出てきます。

例えば、伏見や山科でバスを運行していた京阪自動車のエリア近くの師団前（現在の龍谷大学前深草駅近く）に市バスが南下してきました。そこで、京阪自動車は伏見桃山から北上して師団前までの免許を1940（昭和15）年7月に取得し防衛します。同年11月には、さらに北上して稲荷までの免許を得て、師団前〜稲荷では市バスと相互乗り入れを開始したのです。しかし、相互乗り入れ区間は大変短いので、より遠くまで移動したい利用者がバスを乗り換えること

に変わりありません。

　こうした状況が変化したのが、1948（昭和23）年８月の市バスと京阪自動車、京都バス、丹波交通で結ばれた京都市と郊外部の相互乗り入れ協定です。これによって民間バス会社が郊外から京都市内の三条京阪前や京都駅、四条大宮などのターミナルに乗り入れるとともに、市バスも郊外に路線が延長され、乗り換えの不便さが解消されました。ただし、乗り入れ区間内のみの利用はできない、いわゆる「クローズド・ドア制」でした。例えば、京都市内の七条大宮～四条大宮に乗り入れた京阪バスの利用者は、その区間内のみの乗降ができません。四条大宮行の京阪バスに乗った場合、途中で降りることはできますが、七条大宮から四条大宮の区間内では京阪バスに乗れず、市バスを利用することとなります。逆に四条大宮始発の京阪バスに乗った人は、七条大宮までは降りることができません（**図２**）。それでも郊外と市内中心部が直通できるので、

四条大宮行のバス

七条大宮まではどのバス停でも乗降可能　　　　　七条大宮〜四条大宮間は降車のみ可能（乗車不可）

七条大宮　　四条大宮

七条大宮からはどのバス停でも乗降可能　　　　　七条大宮〜四条大宮間は乗車のみ可能（降車不可）

四条大宮発のバス

図２　クローズド・ドア制の仕組み

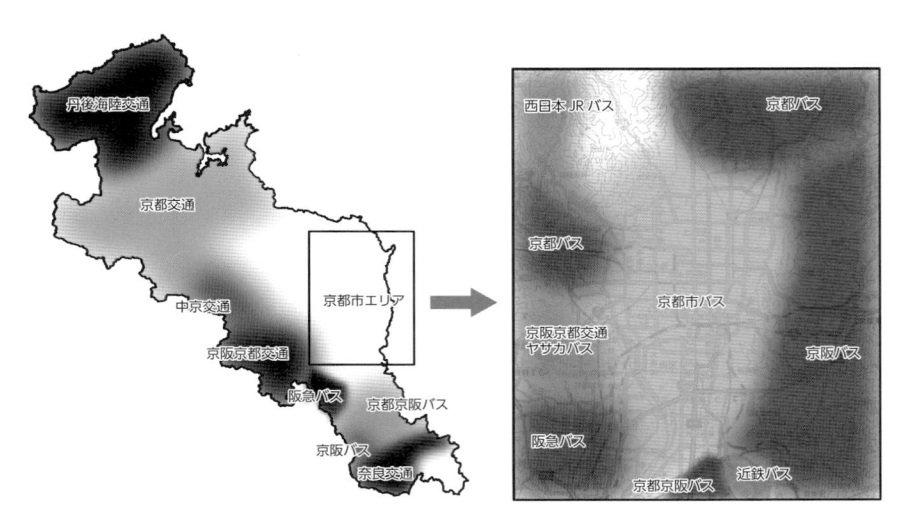

図３　京都府内・京都市内における主なバス事業者の運行エリア
注）京都市エリアの背景図は、地理院地図（電子国土Web）を使用

1951（昭和26）年9月には市バスと京阪自動車、京都バス、丹波交通、国鉄バスが運輸協定を結び、さらに乗り入れが進みました。クローズド・ドア制は、1972（昭和47）年8月まで続きました。

　図3を見ると、エリアごとにバス会社の運行エリアが固まっていることがわかります。これまでのバスや鉄道の競争の歴史がバスの縄張りとして、いまでも残っているのが見えるでしょう。

　2002年に乗合バスの規制が緩和され、バス事業者は自由にバス路線を運行できるようになりました。ヤサカバス（2003年1月）やプリンセスライン（2005年3月）、ケイルック（2010年10月）などのバス路線は規制緩和の結果、京都市内で新規に路線バスを運行した会社です。

2．京都市バスが市外も走る路線

　現在、バス会社は自由にバス路線を開設することができますが、京都市バスは京都市の公営事業という性格上、京都市内のみの運行が原則です。しかし、自治体の境界と道路の関係で、どうしても市外を走らなければならない区間があります。市バスには、向日市を走る区間が存在します（**写真1**、**図4**）。よその市を走る

写真1　向日市内に立つ、京都市バスのバス停

図4　向日市内を走る京都市バスの路線
注）バス停と市バス路線は一部省略（京都市エリアの背景図は、地理院地図（電子国土Web）を使用）

写真2　高槻市バスだが、京都市西京区にある「空谷橋」バス停：画像奥の橋の手前が京都府と大阪府の境界
出典：高槻市交通部

ため、京都市と向日市の両方の議会で認められなければなりません。議会承認の関係で、向日市内の停留所の設置は路線の開設よりも遅れたため、当初はノンストップで運行されていた区間もありました。同様の理由で、かつては宇治市内にも市バスが走る区間がありました。

　これとは逆に、京都市内には高槻市バスも走っています。これも自

写真3　標柱は往復兼用で、高槻市の市街地方面の道路に設置されている
出典：高槻市交通部

治体の境界と道路の関係が理由で、本当にわずかな区間ですが、高槻市バスが京都市西京区内を走っており、バス停もあります。なお、この区間に該当する西京区大原野出灰町の小中学生は、京都市内ではなく、高槻市内の小中学校に通学しています（写真2、3）。

3．地域と協力して育てるバス路線 ── 町内会費で運行するバス

　バス事業の収入は利用者からの運賃によって支えられています。バスの運行費用が運賃収入を上回る場合、すなわち赤字が発生したときは他の黒字路線の収入で赤字をまかなうか、自治体からの補助に頼らざるを得ません。バスの利用者が多い時代は、バス会社全体の収入で赤字路線をカバーできたのですが、利用者がどんどん減少するにつれてそれも限界となり、自治体からの補助が増

加していきました。しかし、自治体にも予算の制約があり、増加していく赤字路線を支えることが難しくなります。こうして残念ながら廃止される路線が全国で見られます。

　なかには、路線自体は赤字だけれども、ある程度の利用者がいて廃止するのが悩ましい路線もあります。このような路線こそ自治体の補助により存続が願われる路線ですが、自治体にとってはその路線を補助すると、自治体内の他の路線が廃止されるときに同じような対応が地域から要求される可能性があるのです。それなりに利用者がいる路線であればよいのですが、極端に利用者が少ない路線でも「なぜあの地域のバスに補助金を出すのにうちの路線に出さないのか、不公平だ」と大きな声をあげる人がいるのも事実。このような課題があるため、補助を躊躇する自治体も出てきます。

　そこで考え出されたのが、地域住民と行政の協力によって維持されるバスです。

（１）地域住民が運営するバス「醍醐コミュニティバス」

　地域住民が積極的に活動することで、地域に新たなバスが登場した先駆けは、京都市伏見区醍醐地域の「醍醐コミュニティバス」でしょう（**写真４**）。バス路線はないけれども、一定の人口規模があった醍醐地域ではバスを走らせたいという地域住民が中心となり、「醍醐コミュニティバス市民の会」を設立しました。その努力が実を結び、2004年２月16日に醍醐コミュニティバスの運行が始まりました。いわば地域がつくったバス会社です。バスの運営は醍醐コミュニティバス市民の会が行い、運行自体は京都市内に本社があるヤサカバスに委託しています。

　新たにバスを走らせるといっても熱意だけではなかなか実現しません。バスの運行経路やバス停をみんなで話し合って決めても実際に走ることができるか、バス停を設置したい場所は安全か、など様々な課題を専門家やバス事業者のアドバイスを受けながらクリアしてきたのです。

　バス停の設置では「ここにバス停がほしい」人と「私の家の前にバス停はいらない」人が出てきます。両者の調整をとるのも地域住民が中心になることで、よりスムーズに進むのです。道幅が狭いため、車が駐車すると通行できない区間では、バスが走るので駐車しないよう呼びかけることも行われました。

　バスの運営で最も頭を悩ませるのが運行費用の確保です。醍醐コミュニティバスでは、運賃収入のほかに、地域の寺院や病院、商業施設、事業所からの協

写真4　住民の努力で運行が実現した「醍醐コミュニティバス」

力金によって維持されているのが特徴です。利用促進も積極的に行われています。沿線には醍醐寺があるのですが、毎年2月23日の「五大力さん」の行事の日には、地下鉄醍醐駅で醍醐コミュニティバス市民の会に加えて、住民の有志も参加して醍醐寺へ参拝する人に醍醐コミュニティバスの利用を勧めています。

　こうした努力により、2023年2月には利用者数が1,000万人を超えました。

（2）町内会が支える宇治市「明星レインボウバス」

　「明星レインボウバス」が走る宇治市の明星町では、バスを利用するのはもちろんのこと、地域の自治会費を増額してバスの運行補助金にあてる「町内会費で走るバス」が誕生しました。加えて、行政からの補助もあるのですが、「宇治市のりあい交通事業」という補助金の拠出方法が工夫されています。

　バスの運賃と町内会費からの収入（収支率）が高い場合、宇治市の補助率は高くなり、反対に収支率が低くなるほど宇治市からの補助率が下がります。このポイントは宇治市からの補助金額ではなく、「補助率」にあります。収支率が高いということは運賃収入が多い、すなわち赤字額が低いので、宇治市からすると、補助率を上げても支払う補助金額は低くなります。地域からすると、宇治市からの補助率が上がるので、町内会費からの補助金額の負担が減ります。運賃収入が少ないと収支率が低い（赤字額が高い）ので、宇治市の補助率が下がり（補助金額が低くなる）、そのぶん町内会の補助金額が多くなり（住民の負担が増える）、地域がバスを維持することが難しくなります。赤字が解消できなくても「地域の人がバスを利用するほど」バスが維持されるのです（**図5**）。

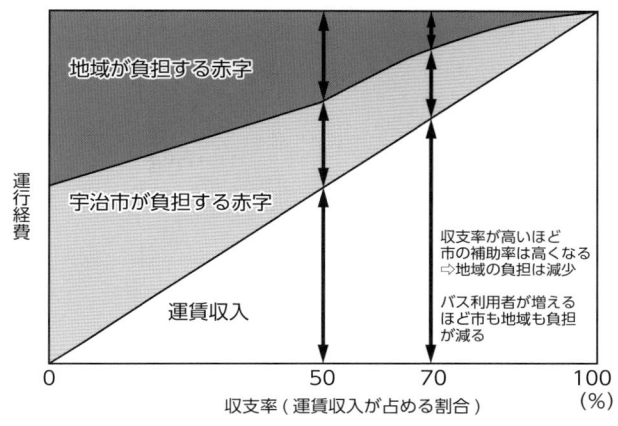

図5　宇治市のりあい交通事業の市と地域の負担の仕組み（イメージ）
出典：宇治市資料をもとに筆者作成

（図中）
地域が負担する赤字
宇治市が負担する赤字
運賃収入
運行経費
収支率が高いほど市の補助率は高くなる⇨地域の負担は減少
バス利用者が増えるほど市も地域も負担が減る
0　50　70　100（%）
収支率（運賃収入が占める割合）

　明星町では、京阪宇治バス（当時：現在は京都京阪バス）が運行されていましたが、2012年5月にバス路線の休止が公表されました。そこで、宇治市と明星町、バス会社で休止後の公共交通について話し合いの場が持たれました。話し合い当初はバスの休止を巡って意見が激突していましたが、何度も回を重ねるうちにお互いの事情が理解でき、お互いの立場を尊重しながら折り合いが付けられるようになったのが大きな特徴です。

　明星町は、丘陵地に開発された戸建て住宅が中心の住宅地で、開発当初はバスが運行されていない地域でした。住民の方々がバスの運行を何度もお願いして運行に至ったので、バスに対する想いは強かったのですが、利用は減っていました。住民アンケートでは「私は乗らないけれど、必要としている人を支援したい」という回答が多く見られました。これは、「近所の人がバスを利用しているので、何とか助けたい」というコミュニティの強さが背景にあったのです。バスに対してだけではなく、近所に住んでいる人に対する親しみがあるからのことでしょう。

　こうした地域住民の「支援したい」、「運賃分の負担をしてもよい」という回答もバス会社や宇治市を動かしました。これが「宇治市のりあい交通事業」に結び付き、明星町の住民は1世帯あたり月に300円負担することでバス路線の維持を目指しました。そして、1年間の実証運行を経て、2014年4月から明星レインボウバスとして運行に至ったのです（写真5）。

　宇治市のりあい交通事業は、他の地域でも実施されたのですが、いずれも実証運行の段階にとどまり、本格的な運行には至りませんでした。収支率の低

写真5 町内会が運行を支える「明星レインボウバス」

さによる地域負担の増加が直接的な理由ですが、なによりも、「私はバスに乗らないから、バス維持のために協力金を払いたくない」という人が多かったことにあります。地域の困りごとを、自分ごととして考えていただくことを広げる難しさがあります。

4. バス会社同士は仲がいい

時刻表に見られるバス会社間の気遣い

同じ業種の事業者同士というと、ライバル関係にあると思われがちですが、バス会社同士は競争関係にあるのでしょうか。なかには同じ地域にそれぞれ異なるバス会社が走っており、お互い競争相手として認識し合っていることもあります。例えば、同じような時刻に別の会社のバスが来る、重複する区間が長いのに両社で使える共通回数券がない、同じ場所に停留所が別々に置かれている、同じ場所のバス停なのに、それぞれ名前が違うなどです。

複数の事業者のバスが昔から運行されている京都市内では、1976（昭和51）年10月１日に京都市電・京都市バス・京阪バス・京都バス・京都交通・阪急バスで利用できる共通回数券が導入されました（1980（昭和55）年５月２日に国鉄バスも追加）。その後は、1983（昭和58）年３月15日に地下鉄・市バス・京都バスが利用できる京都観光一日乗車券が発売されるなど、バス事業者間の連携が少しずつ進んでいました。しかし、急速に事業者間の連携が進んだのは、2009

年度に実施された阪急桂駅のバス発車時刻の調整（市バスと京阪京都交通）や翌年に行われた境谷大橋バス停標柱の統一、統合時刻表の作成からでしょう（**写真6～11**）。

写真6　4事業者のバス停が立つ「東竹の里町」：阪急バスは、路線の廃止により現在バス停はない

写真7　3事業者のバス停が1つに集約された「境谷大橋」東行バス停

写真8 「境谷大橋」東行のバス停時刻表と路線図：事業者別ではなく、行先別に集約されている

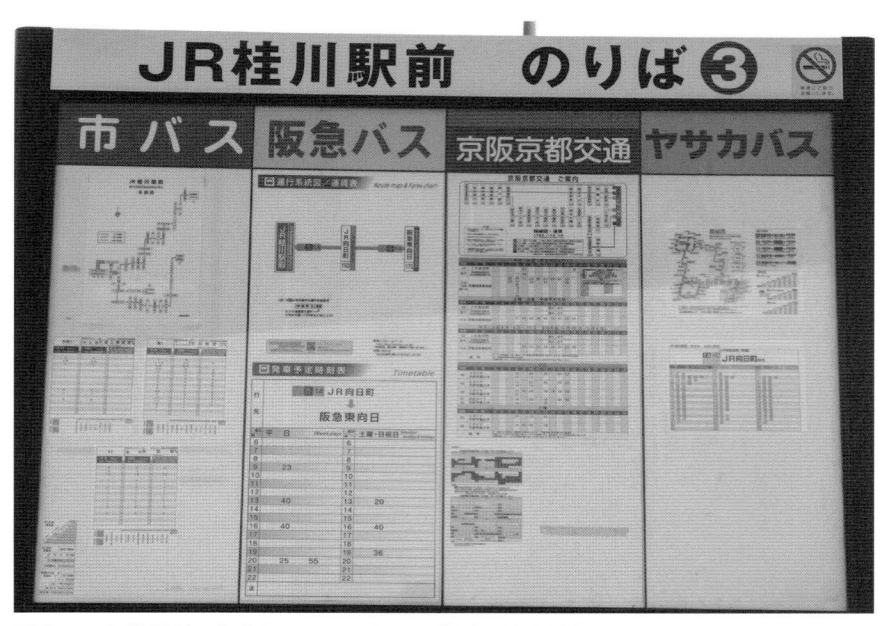

写真9 事業者別に作成されていた頃のJR桂川駅前時刻表

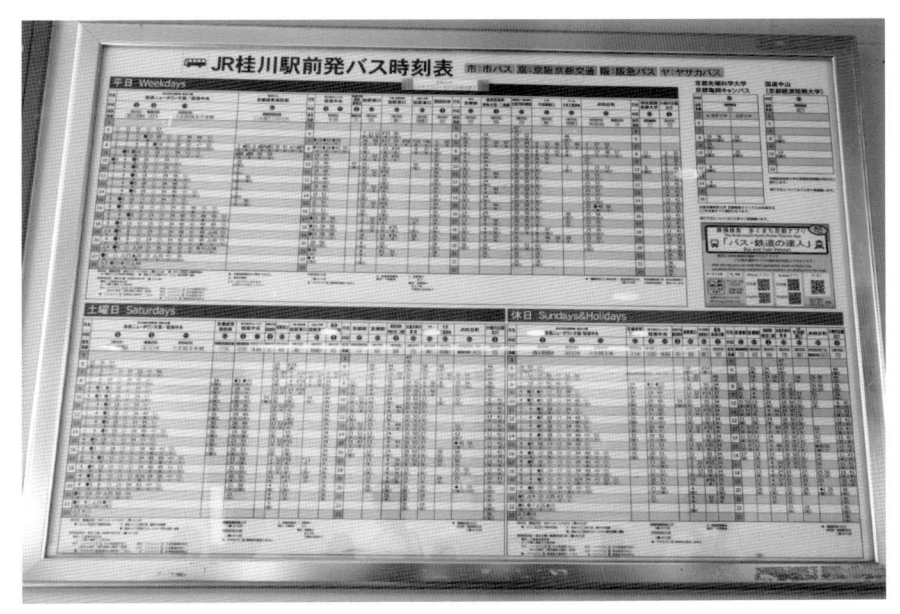

写真10 阪急桂駅での取り組みを活かして事業者間が連携して方面別に作成されたJR桂川駅前時刻表

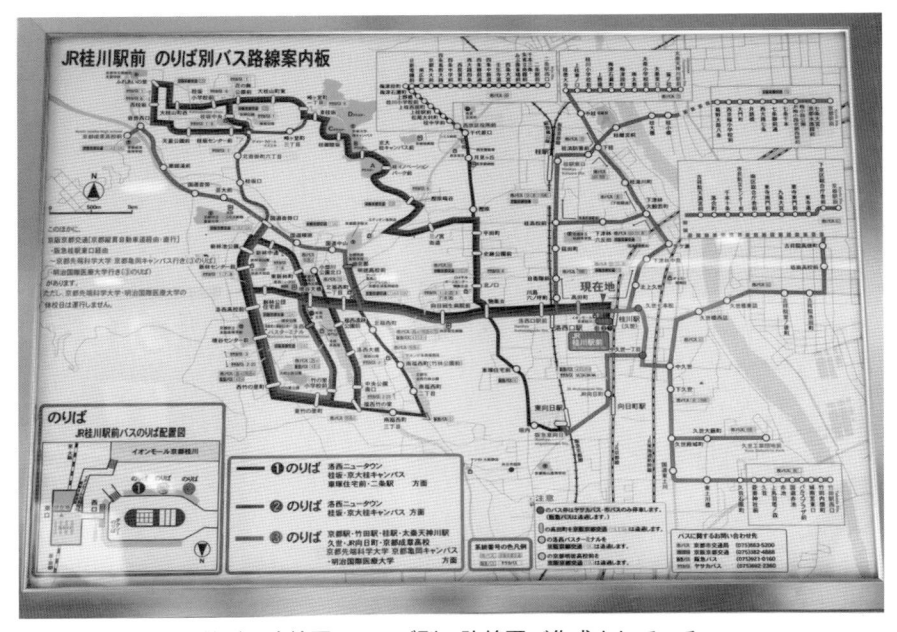

写真11 JR桂川駅前バス路線図：のりば別に路線図が作成されている

洛西地域では市バス、京阪京都交通、阪急バス、ヤサカバスの4事業者が運行されており、それぞれが連携することでバスの利便性向上を目指したのです。

　事業者間の連携はその後も進展しましたが、2014年3月に完成した京都駅前バスのりばのデジタルサイネージがその好例です。このサイネージはバス会社に関係なく、行先や発車時刻がすべて表示され、臨時運行されるバスも表示可能です。バスのりば床面の乗車案内表示も関係するバス事業者が共同で整備しました（**写真12、13**）。

　また、運行区間の重複が長い系統では、運行時刻も事業者間で調整されています。例えば、京都駅前から嵐山方面に向かう市バスと、京都バスが同じのりばから、おおむね10分間隔で交互に発車しています。さらに、市バスの系統の一部を京都バスや西日本ジェイアールバスが運行することや、市バスのIC定期券で京都バスやジェイアールバスにも乗車できるなど、連携が進んでいます（**写真14～19**）。

　こうした連携が進んでいる理由の1つに、「バス事業者が競争する相手は別のバス事業者ではなく、自動車である」という事業者間の共通認識があります。つまり、バス移動のライバルは自動車であり、別のバス事業者と協力し合うことによって、バスそのものを便利にして自動車からバスに利用を転換してもらうことが目的なのです。バスの利用者も目的地に行けるのであればどのバスで

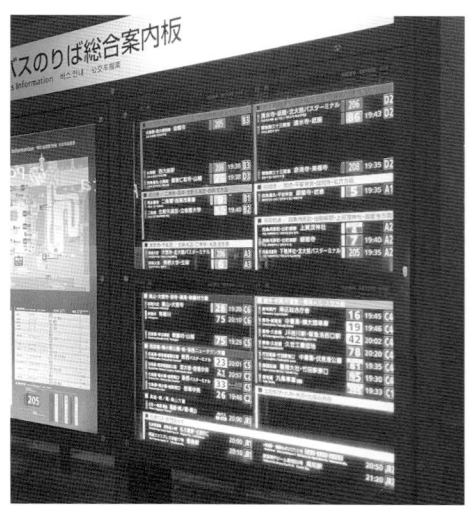

写真12　京都駅前から発車するバスの時刻が一覧で表示される「バス発車時刻サイネージ」

写真13　バス事業者が共同で整備した京都駅前バスのりばの乗車列表示

写真14　共同運行の例：京都市バス86号系統

写真15　共同運行の例：京都バス86系統

写真16　共同運行の例：京都市バス北３号系統

写真17　共同運行の例：京都バスの北３系統

写真18　共同運行の例：京都市バス快速205号系統

写真19　共同運行の例：西日本ジェイアールバス快速205号系統

も構わないので、協力が進むほど便利になります。

　このような協力関係は即座にできたのではありません。なによりもバス事業者だけではなく、京都市の「歩くまち京都推進室」も一連の取り組みに参加している点が大きいといえます。行政が紐帯となることで事業者同士の衝突を和らげ、着地点を見出せるのです。そして、何度も会議を重ね、互いの顔を見る回数が増えることで親近感が高まり、私的な交友関係も生まれ、自分の会社以外の相談できる人間関係が構築されていったのです。

５．バスの系統番号に隠された意味

（１）京都市内各社局の系統番号の法則

　バス利用時に必須の情報は、バスに表示されている行先や系統番号などでしょう。京都市内では「○○行」のバスではなく、「何番のバスの○○行」と、数字が重視されます。バス停でバス運転士やバスを待っている人に「××に行きたいのですが、どのバスが行きますか」と聞くと、「○番のバス」という回答が返って来るほど、系統番号はとても重要な情報です。系統番号とは、バスの行先表示の横に書かれた数字です。バス事業者もたくさんあるバスの行先を少しでもわかりやすくするために、系統番号の付け方を工夫しています。

　例えば、洛西地域で運行しているヤサカバスは、最も路線距離の長い系統が１号系統、１号系統より南側で運行されるのが２号系統、２号系統の反対回りが３号系統などシンプルです。また、系統番号にAが付く系統（例えば１A）は、JR桂川駅を越えて向日町駅まで行く系統、Sが付く系統は途中で運行経路が短縮される系統です（**図６**）。

　ヤサカバスは路線規模がコンパクトで、系統数も６種類なので比較的わかりやすい附番ができるのでしょう。

（２）京都市バスの系統の基本

　京都市バスは京都市内で最大規模の営業エリアなので、系統番号の理解には時間がかかります。市バスの行先表示では系統番号に加えて系統番号を囲んだ四角の色に意味を持たせています（**写真20**）。

　青色：運賃が均一（均一区間）の系統、オレンジ：運賃が均一の系統かつ循環運行の系統、白色：距離によって運賃が変わる多区間系統

　終点手前のごく短い区間で多区間になるけれど、路線のほとんどが均一区

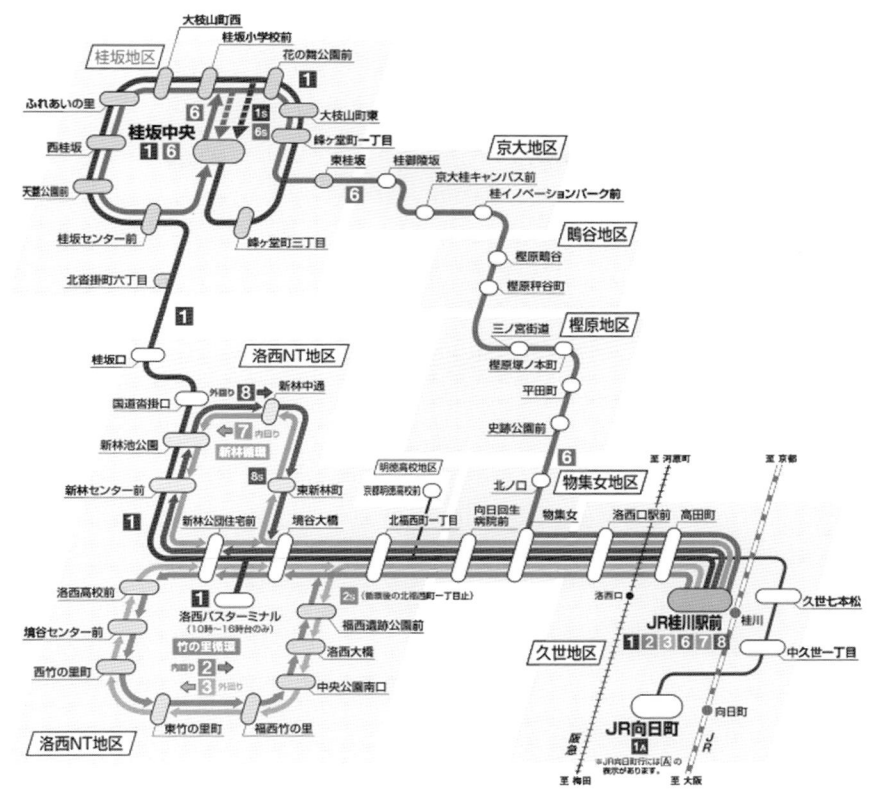

図6　ヤサカバス路線図
出典：(株)ヤサカバス

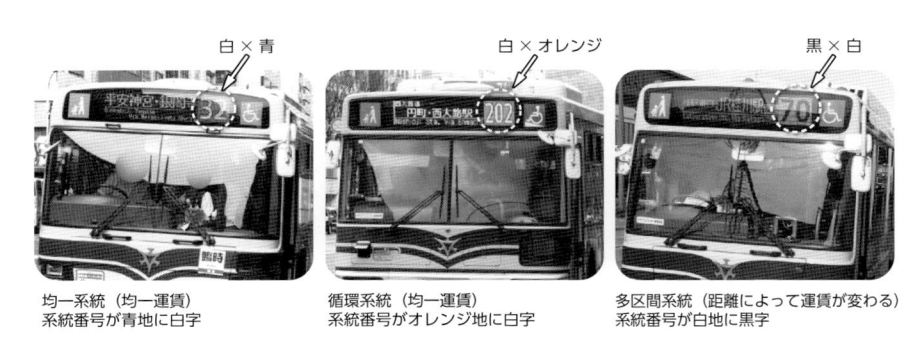

均一系統（均一運賃）
系統番号が青地に白字

循環系統（均一運賃）
系統番号がオレンジ地に白字

多区間系統（距離によって運賃が変わる）
系統番号が白地に黒字

写真20　京都市バスの系統番号の色の違い

間内なので均一系統として扱われる系統（81号系統）や、正確には循環ではないけれど、ほぼ循環しているので循環系統として扱われる系統（205号系統）など、例外もありますが、基本はこの区分です。

青色とオレンジ色は同じ均一運賃のバスなので、青色に統一してもよさそうに思われるかもしれませんが、これは割引運賃制度の名残です。1981（昭和56）年5月29日の地下鉄烏丸線（京都～北大路）が開業したときに、市バスの路線網も大きく変化しました。このときに、200番台のバスの系統番号の囲みをオレンジ色にして、青色の均一系統とのバス・バス乗継割引（**写真21**）が始まりました。

その後、磁気カードやICカードの登場により、系統の囲みの色を問わずバス同士で乗継割引が拡充されていったため、バス・バス乗継割引は2004年3月31日に終了しました（現在はICカードのポイント還元サービスに移行しており、磁気カードやICカードの乗継割引も終了しています）。制度自体はなくなったのですが、均一系統と循環系統の違いが遠目でもわかりやすく、視力の弱い人からも「系統を判別しやすい」という声を受けて、現在でも色の区分が継続されています。

（3）京都市バス系統番号の区分

1～2桁の数字：一般の系統、100番台：特急や急行・観光利用向け系統、200番台：市電の系統に由来を持つ循環系統

1～2桁の系統は、一見すると無秩序に付けられているように見えますが、

写真21　循環系統と均一系統のバス乗継券：当初は青券と赤券の2枚つづりだったが、不正使用が多発したため、青券と赤券の間に主券が追加された

一定のルールに沿って、できるだけわかりやすくなるよう配慮されてきました。原点は1957（昭和32）年5月15日にさかのぼります。それまでは、起終点や運行される通り・地域を意識しないで系統番号が任意に付けられていました。

1957（昭和32）年の改正では、基幹となる系統と重複する区間が長い系統は、なるべく下1桁を合わせる（例えば、河原町通を運行し、松ヶ崎方面に向かうバスは基幹となる4号系統に合わせて4甲号系統を14号に、4乙号系統を34号系統に変更、高雄方面のバスは8号系統に合わせて20号系統を48号系統に変更するなど）よう調整されました。また、方面別に近い数字でまとめる（例えば、中書島や下鳥羽など市の南部方面は20番台、一条寺方面は30番台、醍醐方面は40番台でまとめる）ことも実施されました。

しかし、下1桁で統一する附番と近い数字でまとめる方法の両立は困難をともないます。例えば、13号系統を基幹として下1桁で系統番号をまとめようとすると、洛西方面で23号と33号系統が運行されているため、これらの系統番号以外の数字を使わなければなりません。また、嵐山方面では28号と38号が使われているため、京都市の南部方面の20番台や、一条寺方面の30番台でこの数字は使用できません。そのため、これらの基準を厳格に運用することは難しかったようです。

なお、京都市交通局内では、これらのルールを明確に定めた資料は存在しません。京都市バスの系統の歴史を調べると、このルールが強く意識されない時代も見られるため、あくまでも系統番号を決める担当者が意識する「暗黙の了解」として運用されてきました。

このルールに則った系統番号は、現在でも名残が見られます。千本通で運行される系統には6号・46号・206号があり、下1桁の「6」で韻を踏んでいます。京都駅から洛西方面に向かうバスも23号と33号があり、こちらも「3」で韻を踏んでいます。衣笠地域で運行される系統は、50号・51号・52号・53号・55号・59号と、50番台が多くを占めています（図7）。なお、2024年6月に新設された53号系統は、四条通で基幹として運行される3号系統と運行区間が重複しているなか、末尾の「3」で韻を踏んでいるのは秀逸な附番といえるでしょう。

2024年6月に新設された85号系統は、75号系統と重複区間が長いため下1桁を合わせています。東山通で運行される206号系統の補助として運行されるのが86号、208号系統の補助系統が88号系統など、近年に新設された系統は市バスの暗黙のルールが十分に意識されています（図8）。

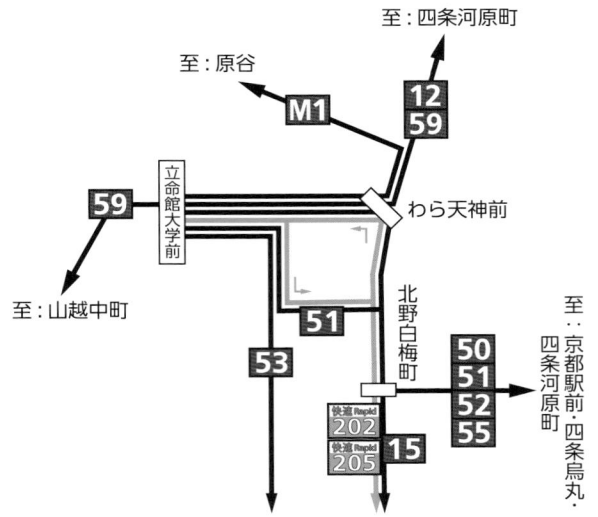

図7　衣笠周辺を発着する京都市バスの系統　注）一部バス停は省略

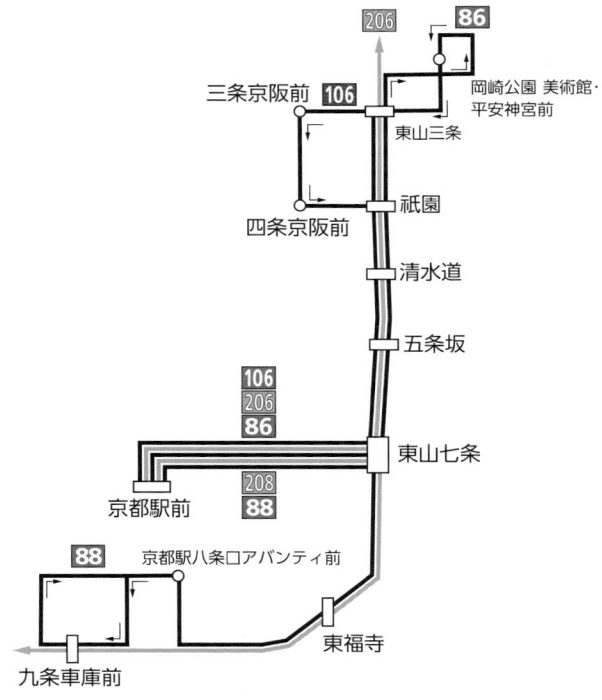

図8　下1桁をそろえた系統番号の例　注）一部バス停は省略

（4）100番台は特急・急行・観光系統

　京都市バスの100番台は観光利用向けの系統を意味します。京都市郊外に比
叡山ドライブウェイが開通した1958（昭和33）年4月19日に100号系統が運行
されたのが始まりです。以降、東山ドライブウェイや嵐山・高雄パークウェイ
の開通にともない、100番台の系統が拡充されました。この頃は、京都市郊外
への観光輸送の系統に100番台を付ける傾向でした（**写真22**）。

　現在のような、街なかも含めた観光客向けの系統に100番台を付けるように
なったのは、1992年1月4日から運行開始した急行運転の臨100号系統から
です。ただし、このときは「チンチンバス」という名称で運行され、系統番号
は表示されていませんでした。1997年10月12日にチンチンバスが100号と系
統番号が付けられ、その後、観光利用向けの急行系統は100番台が付けられま
した。しかし、新型コロナウイルス感染症の拡大により、2021年4月25日以
降には運休し、2022年3月19日に休止されました（**グラビア、写真23**）。

　2024年6月1日から100番台が復活しました。今回は急行運転だけではな
く、各バス停に停車する観光利用向け系統や、さらに特急運転にも100番台が
付けられているのが特徴です。これら系統の番号は、東山通で運行される206
号・86号をふまえて106号、5号系統と区間が重複する系統に対して105号、

写真22　ドライブウェイで運行された当時の100番台系統は、定期観光バスの車両
が使用されていた
出典：田中幹也氏

写真23　2022年まで運行されていた100番台の急行バス（100号系統）

同様に59号に対して109号系統など、ここでも下1桁で韻がふまれています（**写真24、25**）。

（5）200番台は元市電の証し

　200番台の系統は、京都市内を走っていた市電と深く関係しています。京都市電の廃止代替バスとして運行されたのが200番台の系統だったのです。市電代替バスは、市電の系統番号に200を加えた番号が付けられ（例えば、市電1号系統の代替バスは201号系統）、基本的に市電の時代と同様の経路が踏襲されていました。

　「京都市バスの系統の基本」で述べたとおり、1981（昭和56）年5月29日の地下鉄烏丸線開業による市バスの大再編時に、200番台の系統もそれまでの市電時代の経路から現在の路線網に再編され、系統数も201～208号系統までの8種類に集約されました。

　このうち、市電時代と同じ経路で運行されるのは201号と207号系統のみです。205号系統をのぞくと経路が循環している系統なので、運行途中でも乗客を乗せたまま各系統の所属する車庫や操車場で運転士が交代する光景が見られます。一方、バスの運行が経路途中の車庫や操車場で打ち切られる場合もあります。バスの行先表示が車庫の先まで行くと表示されていても、バスが遅延し

写真24　2024年６月から復活した100番台系統：102号系統は既存系統の下１桁をそろえているルールとは異なり、かつて運行されていた急行102号系統の系統番号が踏襲（とうしゅう）された

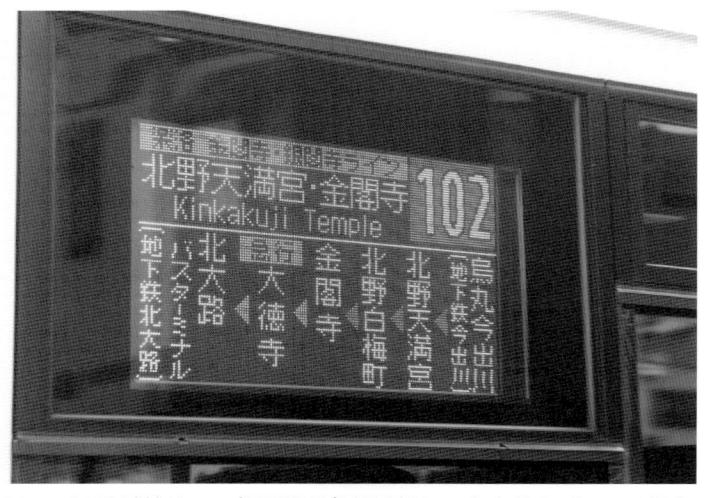

写真25　102号系統は、一部区間が急行運転という京都市バスでは異色の区間急行

写真26　みぶ操車場内から顔をのぞかせる京都市電の線路：線路の右には敷石も露出している（右側の線路はアスファルトに覆われているが、線路のカーブがはっきりと確認できる）

ていると途中で運行が終了します。その場合、乗客は車庫でいったんバスを降りて後続のバスに乗り換えます。

　201号系統では、普段立ち入ることができない操車場の敷地内で乗り換えることがあります。操車場で運行が打ち切られるバスと乗り換えるバス同士が横付けされ、乗客は操車場内をほぼ移動することなく乗り換えられます。これは201号系統だけです。なお、みぶ操車場はかつての市電の車庫で、いまでもアスファルトから当時の線路が顔をのぞかせています（**写真26**）。

　かつて市電錦林車庫だった現在の市バス錦林出張所内からバスが発車するときは、市電時代からの踏切の警報音が鳴ります。また、九条営業所から運行される202号、207号、208号系統の始発時刻は、市電時代と大きく変わりません。こんなところにも市電の名残が残っています。

（6）「特」・「臨」・「M」・「MN」・「入庫」・「まで」の表記の謎

　京都市バスはこれまで紹介してきた数字のほかに、北、西、南、特、M、EXなどの補助記号が付く系統もあります。

　北・西・南はブロック系統と呼ばれ、1981（昭和56）年の地下鉄烏丸線開業時に誕生した系統です。地下鉄や鉄道駅から乗り換えることを想定し、それら

写真27　1997年まで運行されていた京都市バス東ブロック系統（東6号系統）御陵付近は道路が狭隘（きょうあい）なため、バス通行のための人員が配置されていた

ターミナルを起終点とする系統に方角を冠すことで、系統番号をわかりやすくしようとする試みでした。北大路駅を起終点とし北部を結ぶ系統には「北」を、阪急電鉄桂駅から西部を結ぶ系統には「西」を、三条京阪や四条河原町から東方向の醍醐地域を結ぶ系統には「東」が付けられました。「南」は、1988（昭和63）年6月11日の地下鉄烏丸線延伸時に竹田駅を起終点とする系統に付けられました。東系統は、1997年10月12日の地下鉄東西線開業による市バスから京阪バスへの移管にともない廃止されました（**写真27**）。

　「特」は13号・特13号のように、数字のみの系統の補助的な系統です。数字のみの系統と経路がほとんど重複していますが、末端区間や一部経路などが異なる場合に使われることが多い記号です。

　「臨」は臨時を意味するのですが、系統番号が臨のみの表示で、本当に年に数回程度臨時で運行されるバスと、日常的に運行されるバスに分かれていました。さらに特と同様に、数字のみの系統に臨を冠して補助的に走る系統もありました。例えば、13号は特13号に加えて、臨13号もあったのです。これは、基幹となる13号系統と重複区間が長く、末端の経路が異なるため、特を設定した後に、さらに末端が別の経路で運行する系統が必要となったので「臨」を

付けたといわれています。特は基幹系統よりも長い距離を、臨は短い距離を運行される傾向にありましたが、必ずしもそうではないため、おそらくその時々の担当者の選好もあったと推察されます。

　特や臨、北西南などの漢字を冠する系統は、漢字を理解できる人でも一瞬戸惑ってしまう表記ですが、海外からの来訪者はそれ以上に困ってしまうでしょう。日本の観光政策の推進によって海外からの入洛者が大きく増加するにともない、乗り間違えが散見されるなどの課題があります。

　京都駅前からは5号と南5号系統が運行されていますが、漢字を理解でき

写真28　系統番号が「特」の漢字表記のみだった表記(特71号系統)

写真29　「特」の漢字の下に「T」の表記が追加された系統番号(特71号系統)

写真30　系統番号が「臨」のみの表記だった頃の京都市バス

写真31　系統番号から「臨」表記がなくなった京都市バス

ない人には同じ系統と間違われるのです。そのため、特には「T」を、北西南にはそれぞれの英語を補助的に表記することで対応しています（**写真28、29**）。

　臨は国内の人でもなかなか通じにくいため、2024年6月1日から基本的に臨の表記がなくなりました。それまで臨が付けられていた系統は臨自体の表記をやめる、または別の系統番号に変更されました（**写真30、31**）。

　特や臨が付けられているのは市電の系統表記にならったことと、かつて系統を「新設」する（新たに系統番号を付ける）には申請の手続きが煩雑である一方、既設の系統から派生された系統を「設定」するのは相対的に容易であったため、特や臨を付けた系統が増加したようです。

　以前よりは手続きが容易になったことや、特や臨はわかりにくいため、基幹となる系統と末端区間や一部経路が異なる場合は、系統番号の上に経由地を表示する事例が増えました（**写真32、33**）。

　余談ですが、1981（昭和56）年の路線再編前までは、甲や乙などの表記もありました。現在では系統番号から姿を消していますが、循環系統の回る方向を区別するため、バスが車庫から出るときに右に曲がる系統が「甲」、左に曲がる系統が「乙」と京都市交通局内で使用されています（**写真34**）。

　市バスの中でも異色の記号が「M」でしょう。M1号・特M1号系統のみ存在します（実際の表記はどちらもM1）。Mの表記はM1号系統が運行する環境

写真32　北白川仕伏町行の3号系統の系統番号は「3」と表示される

写真33　同じ3号系統でも上終町・瓜生山学園 京都芸術大学行の3号系統は、北白川仕伏町行との誤乗を防ぐため、系統番号の上に「上終町」が追加される

写真34　循環系統は出庫の際、右に曲がる系統が「甲」左が「乙」と区別される：行先表示器には甲乙の表示はないが、車内モニターには運転士の確認のため甲乙が表示される

写真35　系統番号に「M」が付く由来となったマイクロバス時代のM1号系統

写真36　現在のM1号系統の行先表示

から付けられました。バスが運行された当初、終点の原谷に通じる道はとても狭く、通常のバス車両では通行できないほどでした。そこで導入されたのが小型マイクロバスです。そうです、マイクロバスで運行されるので頭文字のMが付けられたのです。すれ違う車に注意しなければならないので、前方の安全確認をするため、運転士とともに補助員も同乗していました（**写真35、36**）。

　現在は道も拡幅され、以前よりも通行しやすくなりました。車両もマイクロバスから他系統でも使用される小型のバスになりましたが、現在でも系統番号にはMが付けられています。沿線には桜の名所の施設があり、開花の時期は観光客で混雑しますが、それ以外は地域住民の大切な足として運行されています。

　ローマ字を使った系統はM1号系統の他に観光特急バスEX100号、EX101号系統、急行Exp.109号系統、急行区間で表示されるExp.102号などがあります。また、24時に発車する深夜バス「ミッドナイト」の頭文字「MN」を冠したMN17号、MN204号、MN205号、MN特西3号もありましたが、こちらは

写真37　2024年6月1日から運行を開始したEX系統（EX101号系統）

写真38　深夜バスのMN特西3号系統

コロナ禍による運休を経て、2022年3月に廃止されました（**写真37、38**）。

（7）「入庫」から「まで」への変化

　京都市バスの中には、行き先表示器に「まで」と表示される便があります。「京都駅まで」であれば、表示のとおり京都駅までの運行です。多くの場合、「まで」の表示に加えて系統番号の上に終点のバス停名も記載されています。

　正系統と同じ区間を運行するけれど、区間途中で運行が終わる便については、「まで」が表示されます。運行終了後、車庫に入るため、かつては「入庫」と表記されていました。利用者によりわかりやすい表示を目指した結果、「まで」に変わったのです（**写真39、40**）。

写真39　四条京阪前まで運行する意味で、「入庫」と表示されていた時代の京都市バス

写真40　51号系統は通常、四条河原町より先に行くが、この便は四条河原町で運行が
終了するため行先に「まで」が付けられている

ここまでお読みいただいておわかりのように、市バスの系統は、そのときどきの担当者が知恵を絞って少しでもわかりやすくしてきた歴史の積み重ねです。ただ、担当者が変わって考え方や方針も変わることがあり、それが従来の方針で付けられた法則と併存するため、系統番号がややこしくなる側面も否めません。そんな歴史が受け継がれた結果、系統番号は老舗鰻店のタレのように「複雑さ」と「わかりやすさ」の絡み合いが隠されているのです。

　では、どうして市バスの系統は複雑だといわれるのでしょうか。それは「直接、京都駅や四条河原町の近くに行きたい」という、沿線居住者である市民の要望にできるだけ応えた結果なのです。さらに、市街地の道路は、いわゆる「碁盤の目」なので、直線的に移動できません。つまり、郊外地域の数の2倍（京都駅と四条河原町）の路線が必要とされ、市街地は途中で曲がる系統が誕生したのです。

　地域に住んでいる人は、自分の地域から京都駅と四条河原町方面に行く2つの系統を覚えておけば最低限の移動ができます。バスの系統が集中する京都駅前からバスに乗ろうとする来訪者は、系統が多すぎて面くらうのです。

（8）京都バスの系統番号の法則

　京都バスの系統番号は、主要な結節点を中心に構成されています。設定当初の結節点は、京都駅・三条京阪・四条大宮・北大路駅で、のちの路線再編や鉄道の延伸などにより四条大宮がなくなり、出町柳駅や国際会館駅が加わりました。

　結節点から各方面に向けて基本的に10の位で行き先を区分しているのが特徴です。京都バスは洛北地域と嵐山地域に大別されますが、まずは洛北地域の系統番号から紹介しましょう。

　洛北地域では10番台が大原方面、20番台が岩倉実相院方面、30番台が市原・貴船・鞍馬方面、40番台が岩倉村松方面、50番台が比叡山方面でした。例外的に、北大路駅発着の系統は20番台に、三条京阪前発着は30・40番台に集約されていました。さらに京都市バスと同様に、下1桁をそろえることで方面別の系統番号をわかりやすくする工夫が行われていました。市原は末尾「5」で、京都産業大学方面は末尾「6」で、雲ヶ畑は末尾「7」で統一されていました（**表2**）。

　近年は、路線の再編や結節点の機能の変化により、これまでの法則から変化が見られます。現在は、10番台が大原方面、20番台が岩倉方面、30番台が京都産業大学・市原・貴船・鞍馬方面、40番台が岩倉村松方面、ないしは国際会館〜京都産業大学間の系統、50番台は51系統の比叡山方面のみだったの

表2　京都バス洛北方面のバス系統番号（1987（昭和62）年12月当時）

系統番号	起点	終点	主な経由地
11	三条京阪前	葛川梅の木	叡電出町柳駅前・大原・途中
12	葛川梅の木	北大路バスターミナル	途中・大原（日・祝日復路のみ）
13	北大路バスターミナル	途中	大原
14	北大路バスターミナル	小出石	大原
15	北大路バスターミナル	大原	
16	三条京阪前	大原	
17	京都駅前	大原	三条京阪前・叡電出町柳駅前
18	京都駅前	大原	東山七条・叡電出町柳駅前
21	三条京阪前	岩倉実相院	叡電出町柳駅前
23	四条大宮	岩倉実相院	河原町二条・叡電出町柳駅前
24	四条大宮	岩倉実相院	三条京阪前・叡電出町柳駅前
31	三条京阪前	松ヶ崎海尻町	
32	三条京阪前	広河原	叡電出町柳駅前・北大路新町
33	三条京阪前	貴船	叡電出町柳駅前・北大路新町
34	三条京阪前	城山	叡電出町柳駅前・北大路新町
25	北大路バスターミナル	市原	北大路新町
35	三条京阪前	市原	叡電出町柳駅前・北大路新町
庫	高野車庫	城山	植物園前〈北大路駅〉東元町
26	北大路バスターミナル	産業大学前	東元町
36	三条京阪前	産業大学前	叡電出町柳駅前・北大路新町
庫	高野車庫	市原	植物園前〈北大路駅〉東元町
46	三条京阪前（高野車庫）	産業大学前	植物園前〈北大路駅〉東元町
27	北大路駅（高野車庫）	柊野	北大路駅〈東元町／北大路駅〉上賀茂橋
27	北大路駅	雲ヶ畑岩屋橋	北大路新町
37	三条京阪前	雲ヶ畑岩屋橋	叡電出町柳駅前・北大路新町
庫	高野車庫	雲ヶ畑岩屋橋	植物園前〈北大路駅〉東元町
41	三条京阪前	岩倉村松	叡電出町柳駅前
43	四条大宮	岩倉村松	河原町二条・叡電出町柳駅前
44	四条大宮	岩倉村松	三条京阪前・叡電出町柳駅前
45	京都駅前	岩倉村松	
48	京都駅前	叡電木野駅	
庫	高野車庫	叡電木野駅	府立大学前・深泥池
庫	高野車庫	叡電木野駅	修学院駅前・宝ヶ池通
庫	高野車庫	叡電木野駅	修学院駅前・松ヶ崎海尻町
51	京都駅前	四明嶽	往路:烏丸今出川・復路:三条京阪前

注）一部系統は省略

で、これに加えて国際会館駅から市原・貴船・鞍馬方面の系統が基本です。市バスと同様に、一部区間が異なる系統には「特」が付けられています。

　京都バスの系統には大原に向かう便に「特急」が運行されています。11月の最繁忙期のみの運行ですが、途中は国際会館駅と八瀬駅のみの停車で、文字どおりの特急系統です（**写真41、42**）。下1桁をそろえていた名残は城山方面の34系統と54系統に残る程度です。

写真41　京都バス100周年を記念して2022年に運行された「特急バス大原女号」：車両は100周年記念デザインでナンバーも100

写真42　繁忙期に運行される京都バスの「特急バス」

洛北地域の系統番号の考え方は、郊外地域の居住者が街の中心部から自宅に帰るときの視点に立っています。結節点には多くのバスが発着しますが、10の位で行先を区分することで自宅地域の系統番号が覚えやすくなります。

　嵐山地域も10の位でまとめられています。60番台が嵐山地域と三条京阪を結ぶ系統、70番台が嵐山地域と京都駅を四条通経由で運行する系統、80番台が嵐山地域と京都駅を五条通経由で運行する系統、90番台が阪急嵐山駅から清滝や西山高雄方面へ向かう系統、もしくは特別に運行される系統です。

　嵐山地域の系統番号は、洛北地域とは反対に「嵐山から結節点方向がわかりやすい」という観光客の視点に立った考え方です。嵐山のバス停にやって来るバスは、京都駅方面へ向かうのか四条河原町方面へ向かうのかが容易にわかります。

　京都バスは基幹となる系統の途中で運行が終わる系統にも別の番号を付けるのが市バスと異なる特徴です。また、「庫」と称される車庫行のバスもあります。このバスは行先表示器に系統番号は表示されず、「高野車庫」のように行先のみが表示されます（**写真43**）。

　市バスも2024年6月から「臨」表記をやめて行先のみの表示に変更されましたが、京都バスがその先駆けといえるでしょう。

写真43　京都バスの「庫」系統は系統番号がなく、行先のみが表示される

（9）周囲の事業者に配慮した京阪バス

　京阪バスは京都市内だけではなく、京都府南部や大阪府、滋賀県など広いエリアで運行しているバス事業者です。エリアが広いので、同じ経路番号（京阪バスは、系統ではなく経路と呼びます）を別の地域でも使用するのが特徴です。これは、別々の地域で運行される同じ番号のバスを、同じ日に利用する人が少ないと考えられるからです。

　ちなみに、京都府南部を営業エリアとする京都京阪バスは、京都市内の京都駅八条口〜京阪淀駅と、宇治市と久御山町の近鉄大久保〜久御山団地の系路は、どちらも「26」で重複しています。こちらも隣同士の自治体とはいえ、同じ日に両方のバスを利用する人は少ないため、大きな問題にならないと判断されました（図9）。

　京都市内地域における京阪バスの経路番号は、1桁と20番台が山科・醍醐地域、10番台が三条京阪から三条通経由で山科醍醐地域を結ぶ経路などです。50番台は比叡山地域で京都バスとそろえられています。80・90番台が四条大宮や三条京阪から五条坂経由で山科・醍醐地域を結ぶ経路、そして300番台が京都駅と梅小路のホテルを結ぶ経路と、京都駅八条口から山科・醍醐地域を結ぶ経路です。

　地下鉄東西線の開業（1997年10月12日）にともない、山科・醍醐地域では京都市バスの運行がなくなり、京阪バスに移管されました。地下鉄東西線開業前までは1桁から50番台までの経路番号が使用されていましたが、市バスの路線を引き継ぐにあたって経路番号が変化しました。

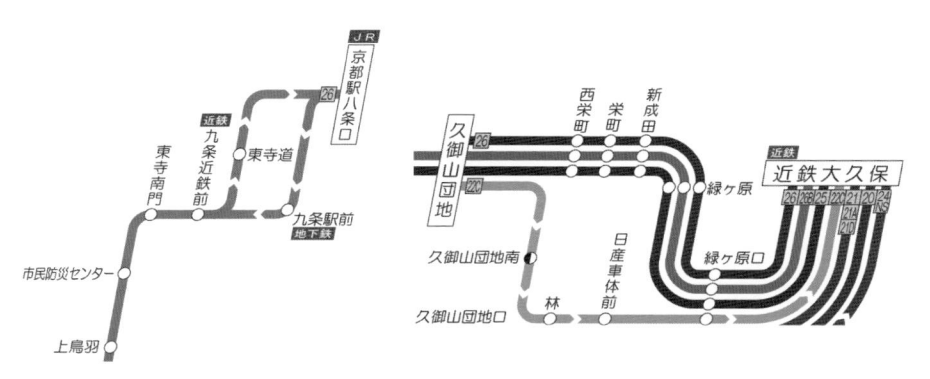

図9　京都京阪バスで2つ存在する「26号経路」
出典：京都京阪バス（株）

特に意識したのが「市バスで使われている番号と重複しないようにすること」、「市バスと経路が重複する際には同じ番号にならないこと」でした。当時、市バスの2桁の系統番号は80・90番台の使用例が少なく、使用されていても、市バスから京阪バスに移管された路線の地域では運行されていない番号だったため、80・90番台の経路番号が採用されたのです（**写真44**）。

写真44　京都市バスや京都バスなどの系統番号と重複しないよう配慮された京阪バスの経路番号

写真45　重複を避けるため、他の事業者が使用していない300番台の数字が採用された

ところが、2016年に市バスが206号系統の補完として86号系統を運行したため、東山通で市バスと京阪バスで同じ番号のバスが走ることとなりました。バスの経路番号はあくまでも自社のルールであり、他の事業者に番号を強制できないので、時折このような事例が発生します。

　2008年6月に有料の稲荷山トンネルが開通し、山科地域と京都駅のアクセスが向上しました。京阪バスが両者をつなぐバスとして2010年11月から運行したのが山科急行線（山急）でした。稲荷山トンネルの無料化（2019年4月）の際に、300番台の経路番号が付けられました。同時に開業したステーションループバスや西本願寺清水寺ラインも300番台です（**写真45**）。

　これらは京都駅八条口や京都駅（ザ・サウザンド京都）を発着する観光利用が大きく期待できるバスで、多くのバスが集中する京都駅周辺の既存系統番号とかぶらないよう、他事業者が使っていなかった300番台が採用されました。

　京阪グループに属する京阪京都交通は、京都駅と亀岡方面を結ぶ基幹となる系統に1桁を付けています。また、一部の例外をのぞき、国道9号線より南側の洛西ニュータウン方面に10番台、北側の桂坂地域に20番台に大別されます（**写真46、47**）。

写真46　京阪京都交通は国道9号線以南に向かう系統は10番台が中心：沿線の鉄道博物館を経由することを行先表示でもアピールしているのが特徴

写真47　国道9号線以北に向かう系統は20番台を中心とした数字が使用される

写真48　京都京阪バスは、写真右のように旧事業者時代に採用された運行地域の市内局番をベースに経路番号を付けた珍しい例

京都京阪バスは1桁・2桁の経路番号がある一方、100・200番台に加えて城陽市エリアでは500番台と大きな数字も使用しています。京都京阪バスの前身である京阪宇治交通の時代に、運行エリアの電話番号の市内局番を参考にして（例えば、宇治田原町では80番台）2桁の系統番号を付けたようです。自治体間を結ぶ系統については100を加えることで、遠くに行くバスと地域内を結ぶバスを区別しました。その名残が現在の経路番号に見られます（**写真48**）。

　京阪バスやそのグループである京阪京都交通、京都京阪バスは、一部経路が異なる経路の番号が「経路番号＋ABC」などローマ字を付けるのが特徴です（**写真49**）。

（10）同じ系統番号なのに、まったく異なる行先のバス

　このように、それぞれの事業者が独自にわかりやすい系統番号を付けていった結果、同じ番号が別々のバス事業者で使用される事例が散見されます。同じ系統番号でも「市バスの○番」、「京都バスの△番」、ないしは「京都バスの大原方面行」などのように、京都市バスとそれ以外のバス会社は明確に使いわける市民も多く、同じ番号のバスの存在は大きな課題とはなっていませんでした。

写真49　京阪バスグループでは一部の経路が異なる場合、経路番号末尾にアルファベットを付けることで基本経路と区別している

しかし、京都市街からの来訪者の増加にともない、同じ系統番号のバスに乗り間違うことが増加しました。

　とりわけ、ややこしかったのが京都駅前から発車する市バスと京都バスの「17号」、「73号」系統です。市バスの17号系統は京都駅〜銀閣寺を、京都バスは京都駅〜大原を結ぶ系統で、どちらも観光客の利用も多いバスです。しかも、途中の四条河原町や出町柳駅前など京都駅以外でも観光利用が多い結節点を経由します。そのため、「17番のバスに乗る」ことを意識しすぎて、どちらのバス事業者かうろ覚えになった人が間違えて乗車するのです（**写真50**）。

　市バスの73号は京都駅〜洛西ニュータウンを、京都バスは京都駅〜嵐山を結ぶ系統で、前者は生活利用者が中心の路線、後者はそれに加えて嵐山への観光利用が多い路線ですが、これら系統の最大の罠は「バスのりばが隣り合っている」ことでした。「73番のバス」を探すと、のりばが近いので、どうしても間違える人が続出しているようで、特に海外からの観光客の乗り間違いが目立ちます。のりば近くには、英文で大きな注意書きが掲示されたほどです（**写真51〜53**）。

　2024年6月に、ついにこの問題が解決されました。市バスの17号を「7号」に、73号を「23号」に系統番号を変更したのです。「どうしてもっと早くに番号を変更しなかったの？」と思われる人もいらっしゃるでしょう。

写真50　行先が異なるが、同じ系統番号のバスが発着していた京都市バスと京都バスの17系統

ところが、系統番号を変えるには、日常の利用者が番号の変更によって困るかもしれない、番号を変えると停留所や路線図、車内放送などの表記をすべて変更しなければならない、なによりも「行先表示器の番号を変更しなければならない」など、費用や手間が想像以上にかかるのです。特に、行先表示器が

写真51　隣同士ののりばから運行されていた京都市バスと京都バスの73系統

写真52　嵐山方面は京都市バス28号系統と京都バス73系統が運行しているが、京都市バス73号系統は嵐山にはいかないので、注意するよう英文で記載されていた

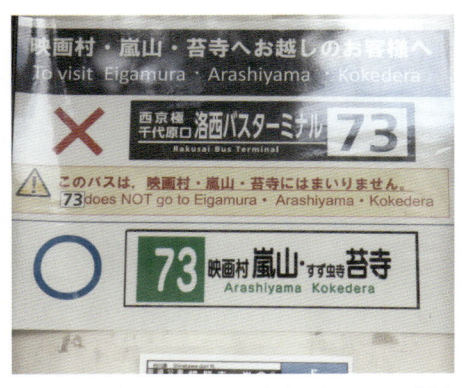

写真53　京都市バスと京都バスの73系統が重複する区間では、バス停にも注意書きが掲示されていた

方向幕と呼ばれるアナログ表示器の場合、取り換える費用はデジタル表示器よりも高額です。市バスの行先表示器がすべてデジタル化されたのを機に、系統番号の変更が実現したともいえます。さらに、京都バスの系統番号は市バスよりも厳格にルールが決められているため、変更しにくいという事情もありました。

　なお、市バス17号系統は、もともと7号系統と200号系統が合体してできた系統で、200番台は循環系統に使用する番号のため使えず、7号の韻を踏んで空いていた17という数字が選択された経緯があります。ですので、今回7号系統に変更されたのは先祖返りともいえるでしょう。23号についても、洛西地域は末尾3でそろえる点がふまえられており、担当者は市バス系統番号のルールを熟知されたと察せられます（**写真54、55**）。

　一見すると、普通の系統番号の変更のように見えますが、様々なドラマが隠されているのです。

写真54　17号から番号が変更された7号系統

6．実はこれもバス

（1）バス会社以外もバスを運行ー自治体が運行するバス

バスは基本的にバス会社が運行していますが、例外もあります。それは「自治体が運行するバス」です。京都市交通局は京都市が関係するバスですが、道路運送法第4条で運行し、かつ「地方公営企業」に区分されます。ここでいう自治体が運行するバスというのは第79条で運行される、いわゆる「白ナンバー」のバスです。本来は、白ナンバーで運賃を取るバスは運行できないのですが、バス会社がない地域で自治体が自家用有償旅客運送の登録をして運行されるバスです。

1970（昭和45）年代以降、人口が減少した中山間地域では民間の路線バスが廃止されていきました。利用者が少ないためバス路線が廃止されるのですが、わずかながらも利用者がいる地域では、その人たちの移動手段を確保することを目的として自治体がバスを運行する廃止代替バスが全国で増加しました。

一方、緑ナンバーのバスでも自治体が「運営」するバスがあります。この代表格が「コミュニティバス」で、自治体が運営し実際の運行は民間バス会社

写真55　73号から番号が変更された23号系統

に委託する形態が多く見られます。自治体が直接運転士を雇用してバスを運行するよりも、ノウハウを持っているバス事業者に委託した方が安心というのが理由の1つです。

コミュニティバスは、一定の人口があるけれども道路が狭い、需要が見込まれにくいなどの理由でバスが運行されていなかった交通空白地の解消を目指したもので、当初は都市部で見られるバスでした。やがて、廃止代替バスもコミュニティバスも同じコミュニティバスと呼ばれるようになりました。

自治体が地域密着で運営・運行しているので車両のデザインも様々です。控えめなデザインのバスや、なかにはワゴン車タイプの車両もあり、一見すると、誰もが乗車できるバスに見えないかもしれません。その一方で、地域の特徴をアピールするバスや、かわいらしいデザインのバスなど百花繚乱です（グラビア、**写真56～59**）。

八幡市のコミュニティバスは期間限定でイラストが描かれていました。当時の市長の親族がイラスト関係のお仕事をされていた縁で、八幡市のコミュニティバスのために書き下ろしのイラストが作成されました（**写真60**）。また、1日乗車券も同様のデザインが掲載されていました。

民間事業者では採算がとれないため、自治体が運営・運行するバスはほとんどが赤字運営です。1日数人の乗車しかない路線もありますが、八幡市のコミュニティバスは1便あたり10人近くの乗車がある大人気のバスです。高齢者同士で席を譲り合う光景も見られます。大型のバスにするとこのような苦労はないのですが、そうすると狭い道を走ることができず、地域をこまめに回れ

写真56　車体に文字だけ記入されたシンプルな「南丹市営バス」

写真57　木津川市のコミュニティバス「きのつバス」は奈良交通に運行を委託しているため、車両は奈良交通のデザイン

写真58　亀岡市の観光ＰＲキャラクター“明智かめまる”が入った「亀岡市コミュニティバス」

写真59　精華町広報キャラクター“京町セイカ”が描かれた「精華くるりんバス」

写真60　八幡市制45周年を記念してコミュニティバスに描かれていた特製イラスト

なくなるのが人気のあるコミュニティバスの悩みどころです。

（2）デマンドタクシー

　人口が極めて少ないため移動需要自体が少ない地域では、バスでは過剰なサービスになってしまいます。人数は少ないけれども自動車が運転できない人がいる地域では「デマンドタクシー」と呼ばれる、よりミニマムな移動サービスが運行されています。

　デマンドタクシーは需要自体が少ないので、移動したい人が予約して予約状況に応じて運行されるバスです。名前はタクシーなので、タクシーのように自由自在に移動できるサービスと誤解されがちですが、タクシー型の車両を使っているためデマンドタクシーと呼ばれています。最近では、タクシー並みのサービスと勘違いされる人が多いので「デマンド型交通」と称する自治体が増えています。

　デマンド型交通のなかには、ドアtoドアで自宅から目的地までタクシーのように運行されている地域もありますが、低運賃で運行されているので既存のタクシーの利用者が減ってタクシーがなくなる危険もあります。さらに、車両が小さいほど乗車定員が少ないので、本来であればタクシー並みの運賃が必要ですが、住民サービスとして数百円程度の運賃にせざるを得ないため、利用が増えるほど運営コストがかさむ悩みがあります。

　居住者しか利用できない地域もある一方、地域外の人でも利用できる地域もあり、自治体によって様々です（**写真61、62**）。

（3）住民が運転士「自家用有償旅客運送（交通空白地有償運送）」

　デマンド運行のなかには、地域住民や地域の団体が主体となって運行され

写真61　和束町のデマンドタクシー「WazCar」：2024年6月から自家用有償旅客運送に移行

写真62　京都府内のデマンドタクシーの嚆矢となった「あやべ市民バス」：2008年から予約不要のバス車両で運行

る形態も存在します。自家用有償旅客運送のなかの「交通空白地有償運送」と呼ばれるサービスです。京都府内では京丹後市の「ささえ合い交通」がその先駆けで、2016年5月26日から運行されています。

ささえ合い交通は、京丹後市内の旧丹後町で運行されているサービスで、NPO法人「気張る！ふるさと丹後町」が運行主体となって、地域住民が運転者となって自身の車で地域住民や観光客などの移動をサポートしています。旧丹後町内では、おおむね1時間に1本、路線バスが運行されていますが、バス停から離れたところではタクシーの需要もあります。ところが、2008年に町内からタクシー会社がなくなってしまいました。そこで、地域住民が地域の人の移動を支える、ささえ合い交通が始まったのです（**写真63、64**）。

運賃は最初の1.5kmが480円、以遠は1kmあたり120円加算する方式で、タクシー運賃の半額程度です。ささえ合い交通は、一部の利用方法をのぞいて旧丹後町内から京丹後市内へは利用できますが、その逆は基本的にできません。旧町外にはタクシーの営業所があるので、もし京丹後市内から旧丹後町内にバス以外で移動したい場合にはタクシーを使い、その逆はタクシーがないので、ささえ合い交通が利用できるという設計です。

地域住民が運転する「交通空白地有償運送」は、京丹後市以外でもいくつか運行される自治体がありますが、そのなかで観光客も利用可能で、舟屋の景観で有名な伊根町と茶畑景観で有名な南山城村を紹介します。

伊根町では、運行を（一社）伊根町ふるさと振興公社に委託した「いねタク」が2022年4月から運行されています。乗車場所は町民の自宅や飲食店、宿泊

写真63　京丹後市の「ささえ合い交通」
出典：京丹後市役所

写真64　「ささえ合い交通」の名のとおり、地域住民が自身の車で地域を支えている
出典：NPO法人 気張る！ふるさと丹後町

施設など町内が網羅されています。伊根町は泊食分離が進められているので、宿泊施設と飲食店間の移動需要もあり、いねタクは町民だけでなく観光客の利用も多いです。いねタクは伊根町内でしか予約できませんが、飲食店や宿泊施設などが乗降場所として予約できる店舗も多く、不便さは感じられません（**写真65**）。

運賃は大人300円で、「海の京都コイン」で利用できるのが特徴です。海の京都コインは、ふるさと納税の一形態で、京都府北部の海の京都エリアの自治体に納税すると30％が海の京都コインとして返礼される制度です。旅先で納税して、すぐに利用できます。海の京都コインは、この他に宿泊施設や飲食店などの加盟店でも利用できます。

さらに、いねタクは電気自動車で運行され、電力は町役場に設置された太陽光発電設備から供給されています。

一方、南山城村は2021年1月から「村タク」が運行されています（**写真66**）。運行主体は、南山城村や社会福祉協議会、NPOなどで構成される「やまなみ交通運営協議会」で、村内全域と近隣の木津川市の一部や笠置町、三重県伊賀市の島ケ原地区などが運行範囲です。村民以外も利用でき、運賃は、村内が大人300円、村外へは500〜3,000円です。

伊根町は町外にはバスが走り、南山城村には鉄道がありますが、バスやタクシーの営業所がありません。近年は、「ライドシェア」というキーワードで紹介される事例ですが、タクシーよりも安い値段でいつでも利用できるというよりは、主に町村内の移動手段を確保するため、地域住民がドライバーとなって移動を支えなければならない中山間地域が抱える切実な事情があります。

写真65　伊根町で運行されている「いねタク」

写真66　南山城村で運行されている「村タク」

写真67　茶畑景観の周遊で人気の和束町のグリーンスローモビリティ「グーチャモ」

（4）グリーンスローモビリティ

　バス停から自宅や目的地までのちょっとした距離、いわゆる「ラストワンマイル」をサポートする目的で運行されるのがグリーンスローモビリティです。ゴルフカートをもとにした車両からバスのような車両まで種類も多様です。

　京都府内では和束町が「グーチャモ」という愛称で、観光利用として運行しています（**写真67**）。和束町の茶畑景観は日本遺産にも認定されており、人気のスポットです。ここに車で来訪する人が増加したため、農作業に支障が生じました。特に、茶葉は刈り取った直後から発酵が始まるので、お茶農家は、刈り取った茶葉をより早く製茶場まで運ぶ必要があるからです。車は農作業の支障にならない別の場所に駐車してグーチャモで移動することを勧めるため、和束町が2017年から運行しています。

　1乗車1,000円とちょっと高めの運賃に見えますが、乗車中に運転士さんからお茶の知識や、お茶と和束町の関係などについて話を聞くことができ、知的好奇心がくすぐられます。また、途中のお立ち寄りスポットでは茶団子や茶ビールが購入できるので、ガイド付きツアー体験といえるでしょう。運行時はほぼ満員で、なによりも運転士さんと乗客の距離が近い点が人気の1つです。これなら1,000円でも、運賃というよりもツアー料金のようなものなので納得です。なお、JR加茂駅から奈良交通のバスで行く場合は、車内で乗車証明書を受けとってください。グーチャモが300円で利用できます。

バスの記念碑を探す

　歴史を物語る碑は全国に多数設置されていますが、バスに関する記念碑はなかなかありません。そんななかでも、京都府内には3か所存在しています。

　京阪バス発祥之地（1987年建立）：京阪電鉄伏見桃山駅から桃山御陵を結ぶ路線からスタートした京阪バスの記念碑で、京阪桃山ビルの前にあります。

　京阪宇治交通発祥（1982年建立）：京都京阪バスの前身、京阪宇治交通の記念碑です。現在、この場所にバス停はありませんが、「ここから宇治方面に向かってバスが運行された」とあります。

　京都市営交通事業記念碑（1982年建立）：1912（明治45）年に京都市電が開業したことを記念した碑ですが、1928（昭和3）年に運行開始した市バスについても記されています。かつて市電の車庫があり、京都市交通局の庁舎もあった、みぶ操車場前バス停すぐに設置されています。

　鉄道に比べてバスの碑は少ないですが、お住まいの地域にあればとても貴重な存在です。

京阪宇治交通発祥の記念碑
出典：宇治田原町役場

京都市営交通事業記念碑

京阪バス発祥之地

COLUMN.2
バス停がなくてもバスに乗車できる
一自由乗降制度とメロディーバス

　バスはバス停で乗り降りするのが基本です。道路運送法にも定められているので、バス停の近くであっても離れたところで停車しているバスに「乗せて、降ろして」と言ってもかないません。

　ただし、車の通行量が少なく、運転士の見通しの良い場所であれば、例外的に利用者の任意の場所でバスを乗り降りすることができます。バス停がなくてもバ

京都バスのメロディーバス：バスの頭にスピーカーが付けられている

奈良交通の自由乗降バスは、系統番号の上に手をあげた人のピクトが記載されている

スに乗り降りできるのが「自由乗降（フリー乗降）制度」と呼ばれるサービスです。

　通行量が少ない区間でも、急カーブの場所のようにバスを停めると危険な場合は認められません。一例として、降りる際は、運転士さんにあらかじめ下車する場所を伝えて、バスはその付近の安全な場所で停車するので、そこで下車します。乗るときは見通しの良い場所でバスを待ち、バスが来ると手を振って乗車の意思を伝えます。しかし、静寂な山中の道路とはいえ、「バスがやって来た」とエンジン音だけを頼りに待つのは、なかなか難しいでしょう。そこで、バスが音楽を流しながら走る「メロディーバス」が京都バスで運行されています。

　京都バスのフリー乗降区間は19系統の大原〜小出石間と32系統の鞍馬温泉〜広河原間です。このうち音楽が流れるのは32系統のフリー乗降区間で、バスの上に付けられたスピーカーから広河原行きはグリーンスリーブス、出町柳駅前行きはアニーローリーの音楽が山中に響きます。京都バスのフリー乗降制度は1982（昭和57）年11月の花背線（鞍馬温泉〜広河原）からで、メロディーバスも同時に始まりました。その後、山間部の路線にも自由乗降メロディーバスが広がりましたが、現在は32系統の鞍馬温泉〜広河原間のみです。

　奈良交通の自由乗降区間では、乗車についてはバスからの見通しの良いところならば任意の場所で乗車できますが、降車については安全確保のため「降車バス停」が定められています。

　自由乗降制度は、人家の少ない中山間地域で採用されている場合がほとんどです。八幡市内の京阪バス5号経路（金振東→106棟前）でフリー乗降区間が設定されていましたが、利用が少ないことと運転士の負担軽減のため2024年3月末に制度が廃止されました。

COLUMN.3

最終バスを逃したら次のバスは1年後？！
一極端に運行本数の少ない路線が誕生する背景

　駅から団地に向かう最終の1便だけ団地内をぐるぐる回る便や、朝の1便だけ別の経路を運行して速達性を図る便など、1日往復または1日に片道だけの運行本数の少ないバス路線があります。さらに少ないのは、週に1往復、月

に1往復などです。例えば、奈良交通では、宇治市の大川原から京都市伏見区の向島駅まで運行される向島線 (向島駅行75系統・大川原行76系統) が毎月第2日曜日に1便のみ運行です。神社仏閣への参拝などでは、月に1日運行される便が見られます。京都京阪バスでは猿丸神社の例祭 (毎月13日) に合わせて維中前〜猿丸神社間に99号系路が運行されています。

　2002年の規制緩和まで路線バスは免許制で、自由にバス路線を運行できず、国から認可を受ける必要がありました。既存の事業者がバスを運行しているところに他の事業者が参入すると過当競争になり、共倒れになった場合、最も困るのは沿線の人です。そのため、一定のエリアで特定の事業者のみで運行することが認められていました。この場合、既存事業者が路線を廃止すると空白地になり、そこに他の事業者が参入される可能性があるので、防衛策として極端に運行本数を減らして営業エリアを維持する「免許維持路線」がありました。現在、路線バスの運行は原則自由ですので、営業エリアを守るための免許維持路線はありません。

　運行本数の少ないバスの極みは「1年に1日、片道1本」の運行です。近江鉄道と京都バスが運行しています。近江鉄道のバスは、滋賀県草津市の立命館大学びわこ・くさつキャンパスから京都市内の京阪三条への片道運行です。秋に京都駅八条口から運行される期間限定の永源寺・湖東三山をめぐる定期観光バスの車両を京都駅に回送していますが、運行初日のみ営業扱いとして運行しています。

　京都バスの路線は1つだけではなく、29系統 (岩倉村松→国際会館駅前) や46系統 (国際会館駅前→烏丸北大路)、95系統 (大原→鞍馬) など複数あり、これらは春分の日に一斉に運行されます。

　利用が少ないとはいえ、路線を廃止すると地元から苦情が殺到するため、いったん年に1便の運行にしてそのバスが運行されるまでの間に地元と調整して正式に廃止する場合もありますが、上記の路線は異なる理由で運行されています。

月に1日のみバスがやって来る猿丸神社バス停

バス路線を廃止した後に、路線を復活させようとした場合、国土交通省への申請やバス停設置にかかわる警察や地先 (バス停周辺の住民) との協議が必要です。特に、バス停の設置の手続きが大変なためです。近江鉄道のバスは滋賀県内が営業エリアで、京都市内は京阪三条への路線が唯一のため、できるだけ路線を残しておきたいのです。

　京都バスの場合は、これに加えて観光利用もふまえています。観光地は時代によって来訪者数が大きく変化するため、現時点で利用者が少なくても再度人気が高まるかもしれません。そのときに備えて、路線を残しておきたいという理由もあります。

年に1日片道のみ滋賀県から京都市内に運行される近江鉄道のバス：1日のみでも運行区間にはバス停が設置されている

年に1日片道のみのバスが複数運行される京都バス

利用者が少ないため減便されたのですが、年に1便のみの運行という究極のレア感がバス好きの方々や沿線の人たちからも注目されて、毎年超満員で運行されています。路線によっては、2台で運行されることもあります。

　95系統は2012年から年に1日片道のみの運行になったのですが、大原と鞍馬間の観光需要が高まったため、2017年3月からほぼ同じ経路で大原〜貴船口間に55系統が運行されました。大原〜鞍馬間のバス路線が復活したといえましょう。ただし、55系統は2024年3月に路線が廃止され、大原〜鞍馬間は再び究極の年に1便のみの運行になりました。

　90系統(阪急嵐山駅〜西山高雄)は2019年3月から西山高雄→阪急嵐山駅前間の年に1便の運行になりましたが、2021年10月の「aRound162高雄・京北シャトルバス実証事業」や2023年12月の電気バスのお披露目運行イベントなどで、この路線が活用されています。2024年4月から、90系統は期間限定運行という扱いに変わり、年1便運行からの変化に含みがもたされています。

嵐山・高雄パークウェイは、年に1日片道のみ運行の路線だが、近年は臨時便の運行機会が増えている

COLUMN.4
狭い道をバスが安全に運行するには

　「えっ、ここをバスが走るの?」というバス1台で通行がやっと、対向車が来てもすれ違うことはできない道路があります。昔からそこにしか道がない、バイパスがない、拡幅も難しいなどの理由で狭隘な区間でもバスは走らざるを得ません。

狭隘で見通しが悪い場合、前方の安全を確認する人が運転士の横に同乗することや、狭隘区間の出入り口に係員を配置してバスが来ると対面の通行を止めることがあります。かつては、嵐電妙心寺駅前〜御室仁和寺にバス通行のための信号機が設置されていました。丹後海陸交通では伊根町内で狭隘な区間が長いため、バスの先を走り対向車を制御する先導車が運行されていました。道路の拡幅やバイパスの開通により、このような光景は減少していますが、いくつか残っています。

　例えば、嵐山公園〜阪急嵐山駅前で、バスの本数も多く観光シーズンは多くの車が行き交うため、係員が対向の車を止めてバスの通行を確保しています。北白川仕伏町バス停は京都市バスの終点ですが、バスが折り返しにより道路上で転回するため、バスの動線を確保する係員が常在しています。

嵐山公園〜阪急嵐山駅前間は、バス1台の通行がやっとの区間があるため、区間の前後に係員が配置されている

狭隘区間を運行するバス路線も多いので、車庫や営業所などで運転士は常にスキルを磨いている(阪急バス)

第2部

デザイン豊かな
バス停あれこれ

バスにも駅がある ─ 残りわずかなバスの駅

　「駅」というと鉄道が思い浮かびますが、バスにも「駅」、すなわち「バスの駅」があります。ジェイアールバス各社は、もともと日本国有鉄道（国鉄）の一組織である自動車部門でした。国鉄は、鉄道がない地域で鉄道の代わりにバスを運行してきたのです。そのような経緯のため、国鉄ではバスも鉄道に準じた位置付けであり、バス路線でも主要な箇所には鉄道のように駅を設けていたのです。

　バスの駅では鉄道と連絡した切符も販売されていました。国鉄からJRになり、のちにバス部門もそれぞれジェイアールバスの各社に分社化されましたが、当時の名残として駅が残っているのです。ただし、昔のように鉄道と連絡した切符の販売は終了しています。

　バスの駅は、ジェイアールバスの一般路線の縮小や建物の老朽化などによ

写真1　現在もバスの駅として残る西日本ジェイアールバス高雄・京北線の終点「周山駅」

写真2　周山駅のバスのりば

写真3　2024年3月まで西日本ジェイアールバスの駅だった「桧山駅」：鉄道のホームのように両側にバスが発着する

写真4　桧山駅のバスのりば

り減少しています。京都府内では、西日本ジェイアールバス高雄・京北線の終点、周山駅にバスの駅が現存しています。鉄道駅のような駅舎とホームのようなのりばが特徴です。園福線にもバスの駅である桧山駅がありました。バスのりばは駅のホームさながらです。2024年3月末の園福線の廃止により、ジェイアールバスとしてのバスの駅はなくなりましたが、施設は京丹波町営バスの発着場所として残されています（**写真1〜4**）。

　これとは別の発想でバスの駅を設けているのが京都市バスです。「バスの駅」と名付けられ、京都市内に多数設置されています。市バスのバスの駅は、バスの待合環境の向上を目指して2014年4月から設置が始まりました。バス停付近の土地が地域住民や店舗の協力によって無償で提供され、バス接近情報やベンチなどが設置されています。第1号は清水道南行バス停（京都銀行の提供）と南太秦南行バス停（三菱重工業（株）の提供）、太秦小学校前北行（京都市教育委員会の提供）です。バスの駅は種類も豊富で、公共施設やコンビニエンスストアの一角が提供されている場所もあります（**写真5〜8**）。

写真5　京都市バスのバスの駅第1号の1つ「清水道」南行バス停

写真6　アートなバスの駅「立命館大学前」東行バス停

写真7　京都市立動物園の一角に設置されたバスの駅「京都市動物園」

写真8　バス停はお店の目の前、コンビニ（ファミリーマート阪急西院駅前店）の店舗内にあるバスの駅

同じ場所にあるのに名前が違うバス停
— バス停名称の表記揺れと統一化

　同じ場所にバス停が立っているのに、バス事業者が異なるとバス停の名前まで異なることがあります。利用者からすれば同じ名前の方がわかりやすいのですが、どうしてそうなってしまうのでしょう。

　バス停の名前は、コミュニティバスのように自治体や地域が強くかかわっている場合は、地域が希望する名称が採用される事例が多数あります。一般的なバス路線は地域からの意見をふまえることもありますが、基本的にバス事業者が決めます。その際、事業者ごとでバス停名称の考え方が異なると、同じ場所なのに名前が異なるバス停が誕生するのです。

　例えば、駅前のバス停の名前を付けるとき、A社は「駅にあるバス停だから〇〇駅」、B社は「駅前にバス停があるから〇〇駅前」、C社は「鉄道会社の名前も付けた方がわかりやすいだろうから××電車〇〇駅」と、同じバス停でもここまで異なってしまうのです。

　京都市内では阪急桂駅前のバス停が、京都市バスは「桂駅東口」、京都交通は「桂駅前」、京阪バスは「阪急桂駅前」、阪急バスは「阪急桂」と、４社局すべて異なる名称という時期がありました。

　同じバス停でも、やむを得ず異なる名称になってしまうこともあります。バス会社D社の本社の目の前にD社とE社がバス停を設置するとします。D社は自分の本社の前なので、「Dバス本社前」にするでしょう。E社にとっては別の会社なので、周辺の地名からバス停名を採用するでしょう。

　別のケースとしては、D社とE社で同じバス停名だったのに、E社がよりわかりやすい名前にしようと変更したものの、D社はバス停名の変更には費用がかかるのでそのままにした、ということもあります。京都駅前から１つ西の市バスと西日本ジェイアールバスのバス停は「下京区総合庁舎前」ですが、かつては両社局とも「三哲」という名称でした。市バスは1997年10月12日に下京区総合庁舎前に改称したのですが、ジェイアールバスは三哲のままでした。ジェイアールバスも2020年４月１日に市バスと同じバス停名に改称しました（**写真9、10**）。

　JR円町駅前のバス停も、事業者で名称が異なりました。市バスが「西ノ京

円町」、京都バスが「西の京円町」（のちに円町駅前）、ジェイアールバスが「円町」でした。京都バスは「の」をカタカナではなく、ひらがなで表記する習慣がありました。また、市バスは「帷子ノ辻」、京都バスは「帷子辻」と読み仮名は一緒でも表記に違いがありました。京都バスは2014年3月に、ジェイアールバスは2020年4月1日に「西ノ京円町」に改称され、現在は統一されています（**写真11、12**）。

写真9　同じ場所なのに、バス停名が異なっていた京都市バス「下京区総合庁舎前」と西日本ジェイアールバス「三哲」

写真10　バス停名が統一された京都市バスと西日本ジェイアールバスの「下京区総合庁舎前」

写真11　JR円町駅最寄りバス停名が事業者すべてで異なっていた京都市バス「西ノ京円町（JR円町駅）」・京都バス「円町駅前」

このようなバス停名の違いはバス事業者の都合であって、利用者にとっては混乱が生じることでしょう。そこで、京都市内で進められてきたのがバス停名の統一です。どこかの事業者のバス停名に合わせるだけなので簡単そうに見えますが、いくつか壁があります。バス停名の改称にともなう費用が最大のネックです。バス停標柱の書き換えだけではなく、バス車内の放送や車内表示器、路線図などの変更が必要です。改称の対象が主要なバス停名であった場合には、バスの行先表示器の変更も必要です。

京都市内では、名称が異なるバス停名の統一はすべての停留所を同時に実施するのではなく、路線やダイヤ変更などで車内放送データや

写真12　西日本ジェイアールバスはシンプルに「円町」だった

路線図を変更する際に順次進めました。こうすることでバス停名の改称の費用負担をできるだけ抑えながら名称を統一できたのです。

名称の統一は表記だけではなく読み仮名も含まれ、七条通のバス停の読みも統一されました。七条通は「しちじょう」と発音するのが正式なのですが、発音するときには一条（いちじょう）や四条（しじょう）と混同されることがあります。ちなみに、昔から京都に住んでいる人は「しちじょう」を「ひっちょう」と発音されるので区別はつきやすいのですが、それをバス停名の読みにするのも難しかったのでしょう。市バスは伝統的に読み仮名を「ななじょう」としていました。B（ビー）、D（ディー）の間違いを避けるためにD（デー）と発音するのと同じ考えです。

なお市電は、電停のローマ字表記は「Shichijo」と「しちじょう」だったのですが、車内放送では「ななじょう」でした。現在、市バスに合わせて多く

のバス事業者が「ななじょう」に統一しました。

　鉄道駅とバス停では漢字や読み仮名の違いは残っています。京阪電車は「祇園四条駅」、京都市バス、京都バスは「祇園」です。七条も京阪電車は七条（しちじょう）駅です。円町のローマ字表記は駅だと「Emmachi」、バス停は「Enmachi」です（**写真13〜16**）。

　それでも、漢字表記は一緒だけれども読み仮名が異なるバス停が残っています。市バスと京都バスの「生田口」です。バス停は同じ場所にありますが、市バスは「おいたぐち」、京都バスは「おいだぐち」です。乗車の機会があったら、車内放送に耳を傾けてください（**写真17、18**）。

写真13　同じ七条でもバス停名の読みは「ななじょう」、駅名は「しちじょう」

写真14　バスでは円町をバス停名も駅名も「Enmachi」と表記するが、JRの駅では「Emmachi」と表記される

写真15　祇園の表記、バス停は「示」偏

写真16　駅名は「ネ」偏で、バス停名とは異なる

写真17　同じ漢字でも読み仮名が異なる珍しい停留所名：京都市バスは「おいたぐち」

写真18　京都バスの読み仮名は「おいだぐち」

バス停はバスの広告塔 ― バス停の情報改善

　バス停はバスで移動するというサービスの情報を発信する広告の機能を持っているといえます。そのため、バス停も様々な工夫がこらされています。特徴的なバス停を紹介しましょう。

1．バス停デザインの共通化

　京都府内では事業者や自治体ごとに独自のデザインが採用されています。キャラクターが描かれているかわいらしいバス停から、シンプルなデザインの

バス停、前事業者のバス停を転用した自治体バスのバス停など様々で、バス停名の記載の仕方や時刻表のデザイン、バスの乗り方案内などに工夫がこらされています。バス停標柱の高さも異なることがあります。また、同じバス事業者でも、設置スペースによってバス停標柱の種類が異なるのもバス停を楽しむ魅力の1つです（**写真19～33**）。

　ただし、事業者ごとに独自デザインのバス停を採用すると、バス事業者の数だけバス停が林立した光景が展開されます。バスの利用者が、それぞれの標柱の時刻や路線を確認するのは不便さを感じるでしょう。

　複数のバス事業者が運行している京都市内では、同じ場所にあるそれぞれのバス停をなるべく1つに集約する動きが見られます。1つのバス停に情報をまとめると利用者は見やすいですし、事業者にとってもバス停の維持管理コストが圧縮できます（**写真34～38**）。

写真19　車体のカラーと合わせたデザインの近鉄バスのバス停標柱

写真20　京阪バスも車体カラーに合わせた赤と白のデザインのバス停が多いが、一部に異なるデザインのバス停標柱がある

写真21　左は木津川市コミュニティバスのバス停、右は奈良交通のバス停標柱：奈良交通はバスのイラスト内に鹿のシルエットが描かれている

写真22　シンプルなデザインの丹後海陸交通のバス停標柱

写真23　柱を挟んで2面に分かれた奈良交通祝園駅のバス停標柱

写真24　京丹波町営バスのバス停標柱

写真25　同じく京丹波町営バスのバス停標柱だが、こちらは「町営バス」の表記のみ

写真26　京北ふるさとバスのバス停標柱

写真27　雲ケ畑バスのバス停標柱：標柱にそえられた手づくりの風車が愛らしい

写真28　奈良交通のバス停だが、和束町内のバス停標柱には町のキャラクター"茶茶ちゃん"のイラスト入り

写真29　向日市のぐるっとむこうバスのバス停にも向日市いいとこPR隊"たけ のこ りん"が描かれている

写真30　手づくり感あふれる南山城村の相楽東部広域バスのバス停標柱

写真31　宇治田原町のバス停は、のぼり旗

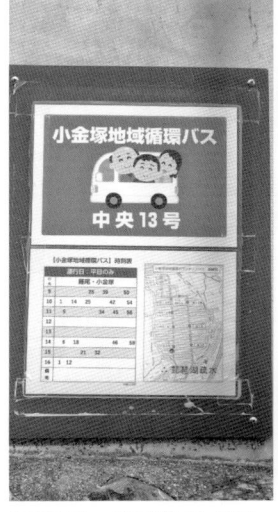

写真32　地域住民が運行するため、バス停も地域による手づくり：小金塚地域循環バスのバス停

写真33　バス停標柱を設置できる空間がないため、時刻表は反対側のバス停に掲示し、のりばの表示のみの簡素なバス停（京都バス「二の瀬」）

写真34　京都バスと京都
市バスの共同バス停標柱

写真35　西日本ジェイアー
ルバスと京都市バスの共同
バス停標柱

写真36　京阪京都交通と
京都市バスの共同バス停
標柱

写真37　3事業者の共同バス停標柱（京都市バス・
京阪バス・京都バス）

写真39　3事業者の共同バス停標柱（京阪京都交
通・ヤサカバス・京都市バス）

写真38　3事業者の共同バス
停標柱（京都市バス・京都バス・
西日本ジェイアールバス）

2. よりわかりやすいバス停の情報を目指して

　京都市バスは2014年3月に、バス停に掲出される案内情報を刷新しました。この特徴は、「わかりやすい市バス」の実現に向けて基本方針を「デザインマニュアル」として策定した点です。

　このデザインマニュアルでは、バス車両の行先表示や車内路線図、バス停掲出の案内情報などを統一のルールで定めることで案内情報全体の統一感が保たれています。また、時刻表やバス停の文字の書体や文字の大きさ、配色についても多くの人に識別しやすいユニバーサルデザインをふまえています。

　バス停名については、これまで寺町御池や河原町二条のバス停を「京都市役所前」に変更・統一するなど最寄りの施設名に改称してきましたが、このリニューアルでは、バス停名称に「最寄りの駅がある場合には、駅名も（　）書きで記載」されるようになりました。西大路四条というバス停が阪急電車と嵐電の西院駅の最寄りとは、京都の街をよく知らない人にはわかりにくいでしょう。これまでは、鉄道の乗換バス停では車内放送で案内はされるものの、停留所名には記載がなかったのです。さらに昔は、車内放送でも乗換駅の案内はほとんどありませんでした（**写真40**）。

　主要な通りの交差点にあるバス停は東西南北に分かれていることが多く、どのバス停に行ったら目的のバスに乗れるのかわかりにくい点もありました。バス停標柱に北東から時計まわりにABCの記号を付け（四条大宮はバス停標柱が多いので、数字を付けます）、それぞれのバス停標柱に各バス停標柱の位置と発車するバスの系統番号・行先の地図を掲出することでわかりやすくしました。バス停の時刻表に記載された系統番号や行先表示も、やって来るバスの行先表示に近いデザインになりました（**写真41〜43**）。

写真40　乗換案内情報として、バス停名に（　）書きで鉄道駅が付けられた：阪急電車と嵐電の西院駅の漢字表記は同じだが、読み仮名が異なるため、英語表記では「Saiin Sta.」と「Sai Sta.」の両方が記載されている

写真42　バスの行先は「平安神宮・銀閣寺32」表示

平安神宮・銀閣寺 行き Ginkakuji Temple Via Heian-jingu Shrine						**32**	
平 日 Weekdays（お盆・年末年始を除く）			土曜日 Saturdays（お盆・年末年始を除く）			休 日 Sundays & Holidaysお盆 8月14日〜8月16日 年末年始 12月29日〜1月3日	
	5			5			
26 46	6		26	6		26	
1 16 32 51	7		1 26 46	7		21	
7 22 37 52	8		11 37	8		6 37	
12 32 52	9		12 42	9		12 42	
12 32 52	10		12 42	10		12 42	
12 32 52	11		12 42	11		12 42	
12 32 52	12		12 42	12		12 42	
12 32 52	13		12 42	13		12 42	
12 32 52	14		12 42	14		12 42	
12 32 52	15		12 42	15		12 42	
12 32 52	16		12 42	16		12 42	
12 32 52	17		12 42	17		12 42	
12 32 52	18		12 52	18		12 52	
18 46	19		26	19		26	
16 46	20		6 46	20		6 46	
26	21		26	21		26	
	22			22			
	23			23			

写真41　京都市バスでは、バス停が複数に分かれている分節停留所には、それぞれにアルファベットを付け、各バス停から発着する系統も記載している

写真43　バス停の時刻表もバスの行先表示と同様の「平安神宮・銀閣寺　32」がデザインされている

3．広告収入でバス停を維持管理

　バス停は設置したら終わりではありません。維持管理が必要です。屋根やベンチが付いたバス停は補修も必要です。台風通過後にはバス停の屋根やベンチが壊れていないか、バス事業者は毎回確認しています。

　都市域で増えてきた広告付きバス停は、広告収入でバス停を維持管理や更新していく仕組みです。バス事業者にとってうれしいのは、広告会社がバス停の維持管理を請け負う点です。広告は見てもらってその効果が発生するので、基本的に利用者や道路交通量の多いバス停に設置されます。そのため、広告付き

バス停は人口が多い都市域で広まっています。

　バスの本数が少なく利用者も多くないのに、広告付きの立派なバス停があるのは、広告を見てもらうのに自動車の交通量を重視しているからです。バスを待つ人に広告を見てもらうことも重要ですが、車のなかからも広告を見てもらう必要があるからです。広告内容もバス停周辺の地域の特徴をふまえて掲出されています。例えば、付近に高校が立地するバス停では、利用者の特徴をふまえてアルコール広告は掲示しないといった配慮がされています（**写真44、45**）。

写真44　従来のバス停（上）と広告付きバス停（下）の比較（七条大宮・京都水族館前）

写真45　シンプルな広告付きバス停：ベンチも設置され、バス待ち環境が改善された（堀川五条）

バスを待つのが楽しくなる
─ちょっと訪れてみたいバス停

1．難読名のバス停

　地名の読み方は地域によって異なる場合もありますし、地域の人以外はとても読めない漢字の地名など、読み方は様々です。鉄道でも難読の駅名が話題にあがることがありますが、バス停名は難しい名称がさらに存在します。そのなかで、有名かつ周辺も訪れたくなる地域のバス停を紹介しましょう。

（1）間人（丹後海陸交通）

　間人バス停の読みは「たいざ」で、バス停のある地域の地名からとられました。

　間人皇后（はしうどこうごう）が争乱を避けてこの地に避難し、その後、ここから去るにあたって自分の名をこの地に送ったが、地域の人は地名とはいえ呼び捨てにできないと思い、皇后がこの地から退座（たいざ）したのにちなんだといわれていますが、確証はありません。

間人ガニが有名になるとともに、この地名の認知度も上がっています。冬のカニを堪能するときにバスでこの地を訪れるのがお勧めです（**写真46**）。

（2）東一口（京都京阪バス）

　東一口バス停は「ひがしいもあらい」と読みます。東一口の隣には西一口という集落もあり、この一帯が一口（いもあらい）と呼ばれる地域です。この地名も諸説あって由来は定かではありません。

　もともとは京阪バスに「一口北口」と「東一口」のバス停があったのですが、2005年7月30日に廃止されました。2004年から運行された久御山町のコミュニティバス「のっ

写真46　間人バス停
出典：京丹後市役所

てこバス」には「東一口」、「東一口西」、「東一口南」、「西一口」のバス停がありましたが、こちらも2015年末に廃止されました。しかし、京都京阪バスが2021年7月22日から「東いもあらい」バス停を設置しています。難読地名なのでひらがな表記ですが、字面がかわいらしく思えます（**写真47、48**）。

　一口地域は巨椋池の自然堤防上に立地する漁業集落でしたが、干拓によって漁業ができなくなりました。しかし、石垣上に建てられた建物は漁村の面影を強く残しており、大庄屋であった旧山田家住宅は、国の登録有形文化財として保存されています。

写真47　2005年に廃止された京阪バス「東一口」バス停

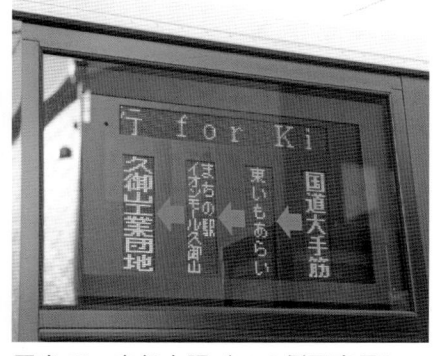

写真48　京都京阪バスの側面表示に「東いもあらい」が記載されている

2. 写真を撮りたくなるかわいいバス停

宇治田原町は町の形がハート形に似ていることから、「ハートのまち」としてシティプロモーションが行われています。町内の様々な取り組みにおいて「ハート」が意識されています。

コミュニティバスも「うじたわLIKE♡（らいくはーと）バス」と名付けられています。一部のバス停は、標柱が木製でハート形にくり抜かれています。かわいらしいバス停は、町内の中学生がデザイン協力をして2019年 6 月19日に登場しました。ハートの形をしている猪目窓で有名な正寿院に行く際に、維中前バス停で見ることができます。

期間限定で、土休日に京阪宇治駅やJR宇治駅から運行される宇治奥山田茶屋村線では、正寿院最寄りの京都京阪バス「奥山田正寿院口」バス停もハート形にくり抜かれています（**写真49、50**）。

写真49　ハート形にくり抜かれたバス停標柱（宇治田原町営バス）　　写真50　京都京阪バスのバス停もハート形にくり抜かれている（奥山田正寿院口）

3．京都らしさが醸（かも）し出されたバス停

　京都市内は神社や寺院などが多く、京町家がまとまって残る地域も見られるなど、全体的に落ち着いた街並みといわれます。景観自体も来訪者にとっては、いわゆる「京都らしさ」が漂っているでしょう。広告付きバス停も色彩が抑えられた落ち着いたデザインですが、バス停の上屋は一般的な共通のデザインです。独自のバス停上屋が整備されている京都市バスの停留所が「一条戻橋・晴明神社前」と「二条城前」です。「一条戻橋・晴明神社前」北行のバス停は日本瓦を基調としたデザインで、2020年4月28日から供用されました。バス停名称のとおり、目の前は晴明神社なので瓦紋には五芒星（ごぼうせい）が見られ、壁面は陰陽五行（いんようごぎょう）の彩色です。

　「二条城前」南行バス停は、京都堀川ライオンズクラブの設立50周年記念事業で「堀川と堀川通りを美しくする会」が共同で整備した上屋です。屋根は日本瓦葺、壁面は虫篭窓（むしこまど）と千本格子など京町家の特徴がイメージされたデザインで、2023年12月13日に供用されました（**写真51、52**）。

写真51　京都市バス「一条戻橋・晴明神社前」北行バス停

写真52　京都市バス「二条城前」南行バス停

4．ベンチ付きバス停

　バスを待つとき、「ちょっと座りたい」「荷物を置きたい」「でも、ベンチがない」、こんな経験は多くの人があるでしょう。「どうしてバス停にベンチがないの？」とよく質問されます。歩道の幅員が狭い場合、歩行者の動線を確保する必要があるため、ベンチが設置できないのです。

　なかには、所有者のご好意で敷地の一部に自主的にベンチを設置していただいていることもありますが、あくまでも善意で成り立っています。

　歩道が狭くてベンチが設置できない悩みを解決したのが、八幡市コミュニ

写真53　ベンチと一体化したバス停標柱（八幡市コミュニティバス）

ティバスのベンチ付きバス停です。バス停が大風でも倒れないようバス停の基礎部分を大きく取り、そのスペースに座面を追加しています。歩行者の邪魔にならないサイズなので、座面はこれ以上大きくすることは難しいですが、ちょっと腰かけるには問題ないサイズです（**写真53**）。

5．改札があるバス停

　バスの運賃は車内で支払うのが基本ですが、京都市内の四条河原町西行のバス停では簡易改札が設置されています。このバス停は、バスの本数が格段に多い四条通にあります。四条通の四条烏丸〜四条河原町の区間はもともと片側2車線の道路でしたが、駐停車の車両で実質1車線の状態でした。歩行空間をより快適にするため、2015年10月に歩道を拡幅した際、片側1車線に車道が減らされました。市内中心部の通りなので渋滞が発生しますが、「いつも渋滞している」というイメージを持たれることで一般車両の通行が減少することが期待されたのです。

　しかし、バスの乗降時間がかかると、一般車両の通行が減少してもバスに

写真54　バスの車外で運賃を支払っていた当時の「四条高倉」東行バス停

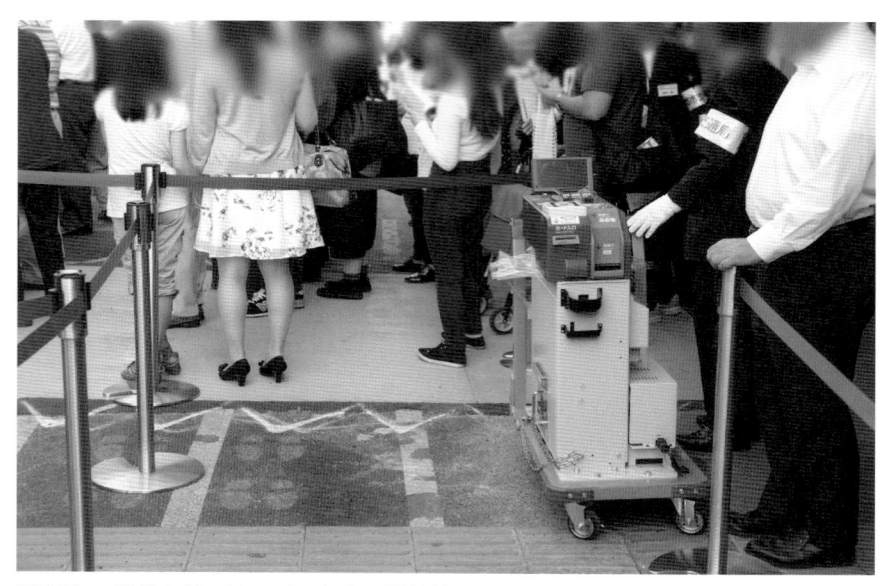

写真55　運賃支払いは、バス車内の運賃箱と同じ移動式の機械が使用されている

写真56　バスから降車後、
ロープで囲われたスペース
内で運賃を支払う

よる渋滞が発生します。京都市内のバスは降車時に運賃を支払うので、その時間の短縮が課題でした。四条通の拡幅に先がけて2015年9月18日から、日中の降車客が多い四条河原町西行と四条高倉東行バス停ではバス車内で運賃を支払わず、いったん下車してからバス停で運賃を支払う方式が導入されました。運賃支払い用に、移動式の運賃箱が活躍しています（**写真54〜56**）。

6．駅からスムーズに乗り換えられるバス停

　駅の同じホームで電車同士を乗り換えるように、電車とバスが乗り換えられるのが嵐電北野白梅町駅で、2020年3月に整備されました。駅ホームとバス停が一体化された北野白梅町バス停から金閣寺方面に向かうのに便利ですが、このバス停に停車するバスは2024年8月時点で土休日のみで、今後平日も利用できることが期待されます（**写真57**）。

写真57　駅のホームとバス停が一体化した嵐電北野白梅町駅：電車とバスが即座に乗り換えられる

バス停の場所はどうやって決まるのか

　バスに乗っていると、次のバス停までの間がとても短い区間に遭遇することがあります。どれくらい短いかというと、車内放送が終わる前に着くほどの短さです。バス停はどうしてそこに設置されるのでしょうか。実は、バス停の設置場所はバス事業者が好き勝手に決めることができません。反対に、地域の人が「ここに設置してほしい」とお願いしても、思いどおりの場所に設置できないこともあります。

　バス停が設置できる場所は、基本的にバスが停車しても他車の通行の妨げにならないことです。とても狭い道でバスが停車していると追い越ししにくいバス停もありますが、これは自動車が普及する以前から設置されていた停留所に多く見られます。

　バス停を設置したい場所の地先にお住まいの人や事業所に了解を得る必要があります。なお、バス停の反対側の地先にも了解を得ることが一般的です。地先の人がバス停設置を渋るとバス停は設置できません。そこで、バス停を設置したい場所で断られてその先へ、そこでも断られてさらにその先へ…と繰り返した結果、その次のバス停の近くによようやくバス停が設置されることが発生するのです。どの地先からも断られて、バス停が設置できなかったケースもあります。

　また、当初は承諾を得てバス停が設置されていたけれど、地先の居住者が変わり、バス停の移動を求められることもあります。これとは反対に、「バス停がなくなると、お店の売り上げが下がるので絶対に移動しないでくださいね」とお願いされるバス停もあり、バス停１つ１つにドラマが隠れています。

倒れているのではありません、自発的に倒しているのです
ー台風接近で倒されるバス停

　台風が接近しているとき、地面に倒されたバス停が見られます。これだけを見るとバス停が強風で倒れたと思われがちなのですが、そうではありません。台風接近に備えて、バス事業者があらかじめ倒しているのです。強風でバス停

が倒れたとき、バスを待っている人や通行中の人、車両などにぶつかると非常に危険ですし、倒れたバス停にぶつかる危険性もあるからです。

　ただし、すべてのバス停を倒すのではありません。例えば、地面に標柱を埋め込むタイプのバス停は十分に固定されているため、倒す必要がありません。ブロックや石などで標柱の下を支えているタイプが対象です。最近は、支えているブロックが重く、安定しているバス停が増えているので、これは倒さなくても大丈夫です。つまり、強風で倒れる可能性があるバス停が、台風の接近に備えてあらかじめ倒されるバス停の対象となるのです。もちろん、倒されたバス停には台風接近のため、あらかじめ倒している旨がバス停に貼られています。

　ところが、注意書きを読まない人が、バス停をわざわざもとどおりにする

台風接近に備え、あらかじめ倒された京阪バス・京都バスのバス停標柱

奥のバス停標柱は地面に固定されているので、倒す必要はない

ことがあります。バス事業者は、運転士さんからの連絡や巡回中に発見次第、再び倒しに行かなければなりません。

　バス停をいつ倒すかの判断はバス事業者によって異なります。そもそもバス停を倒しておくというのも全国的に実施されているのではありません。地域によって判断が分かれているようです。台風通過後は、バス事業者の人たちが全路線、全バス停の安全確認を行った後にバスの運転が再開されます。日常の運行でも安全・安心に取り組まれていますが、災害時にもバス事業者は見えないところで常に安全な運行を目指しています。

京都市バスでも土台が比較的小さいバス停は、強風対策のため倒す必要がある

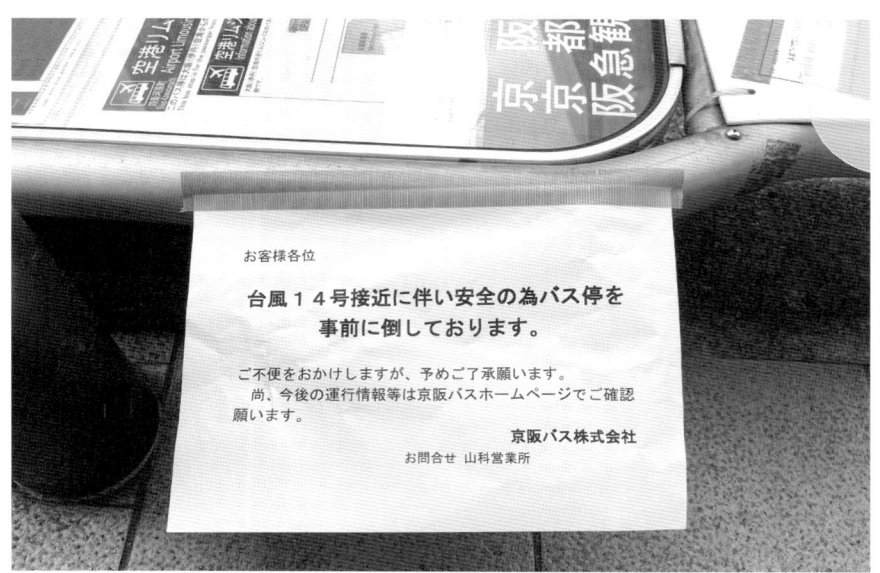

あらかじめ倒されたバス停には注意書きが貼られている

「四条烏丸」「西大路四条」、通り名の順序の法則

　京都市内の中心部は東西と南北の通りの名前を付けて、そこから上る・下る・東入・西入が住所表記で重要です。住民は町名だけでは、そこが京都市内のどのあたりにあるのかなかなかわからないので、東西南北の通り名は必要です。交差点の名称も、通りの名前を合わせて付けられていますが、バス停名も、通り名同士を合わせた名称が一部を除いて付けられています。では、東西南北どちらの通りが先に来るのでしょうか。住所表記の場合は、玄関が面している通りが先で、次に最寄りの交差する通り、その交差点からどちらの方向に行けば当該の建物があるかわかるというルールが一般的です。

　ところが、交差点の名称に明確なルールはありません。バス停名も四条烏丸や四条河原町のように四条通が先に来る場合もあれば、西大路四条のように後に来る場合もあります。正確なルールはないのですが、京都市電が運行されていた時代に、「本数の多い通りが先に来る」、「先に市電が開通した通り名が優先される」という暗黙のルールがあったそうです。

同じ交差点でも、京都市バスは「大宮五条」、西日本ジェイアールバスは「五条大宮」

西日本ジェイアールバスが京都市バスの停留所名に合わせて「大宮五条」に統一された

もともと、京都の街なかは市バスの運行が先で、その後に他の事業者が運行されたケースが多いので、交差点近くの停留所名は民間バス会社も市バスにならう傾向にあります。ところが、市バス、京阪京都交通、京都バスは「大宮五条」、西日本ジェイアールバスは「五条大宮」となっていた数少ない事例もありました。ジェイアールバスが五条を先に付けた理由は不明ですが、大宮五条よりも五条大宮が呼びやすいので、五条大宮になったのではないでしょうか。このバス停名も、バス事業者間の名称統一により、現在では大宮五条に統一されました。

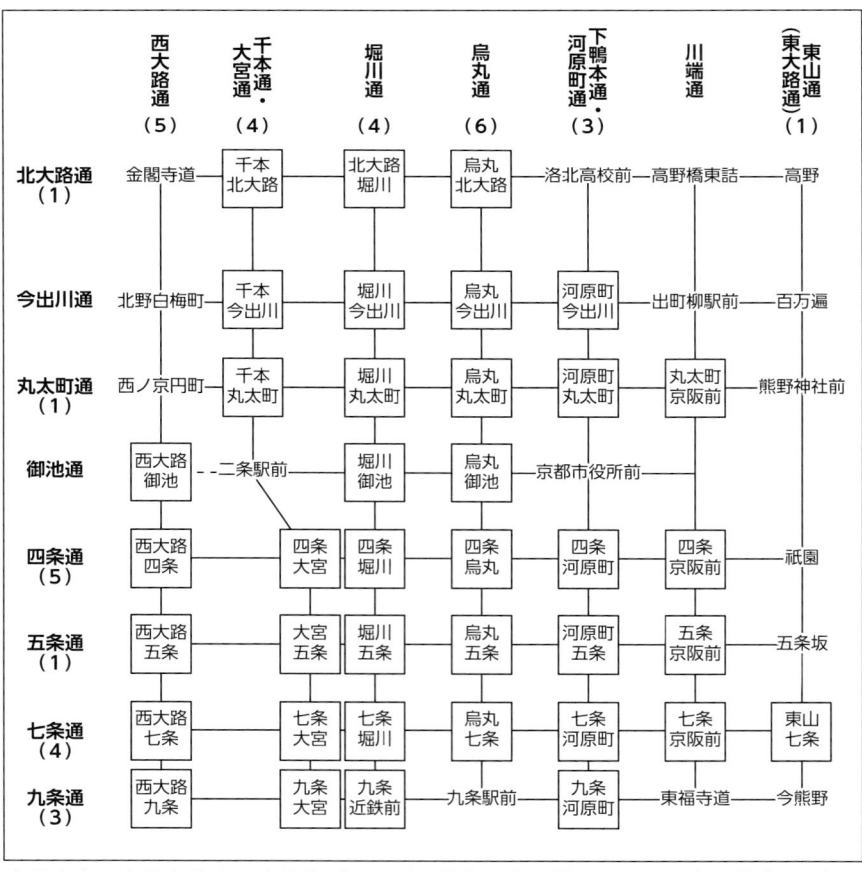

	西大路通 (5)	千本通・大宮通 (4)	堀川通 (4)	烏丸通 (6)	下鴨本通・河原町通 (3)	川端通	東山通（東大路通）(1)
北大路通 (1)	金閣寺道	千本北大路	北大路堀川	烏丸北大路	洛北高校前	高野橋東詰	高野
今出川通	北野白梅町	千本今出川	堀川今出川	烏丸今出川	河原町今出川	出町柳駅前	百万遍
丸太町通 (1)	西ノ京円町	千本丸太町	堀川丸太町	烏丸丸太町	河原町丸太町	丸太町京阪前	熊野神社前
御池通	西大路御池	二条駅前	堀川御池	烏丸御池	京都市役所前		
四条通 (5)	西大路四条	四条大宮	四条堀川	四条烏丸	四条河原町	四条京阪前	祇園
五条通 (1)	西大路五条	大宮五条	堀川五条	烏丸五条	河原町五条	五条京阪前	五条坂
七条通 (4)	西大路七条	七条大宮	七条堀川	烏丸七条	七条河原町	七条京阪前	東山七条
九条通 (3)	西大路九条	九条大宮	九条近鉄前	九条駅前	九条河原町	東福寺道	今熊野

京都市内の主要交差点の京都市バスのバス停名と先に冠される通り名の数（通り名の下の（　）の数字は、当該の通りが他の通りと交差したときに先に来るバス停名の数）
注）・「○○駅」の副称は省略　・七条大宮は、正式には「七条大宮・京都水族館前」
　　・京阪電車と近鉄電車は通りに準じた扱いとした

第 3 部

見て楽しい、乗ったらもっと楽しいバスの車両

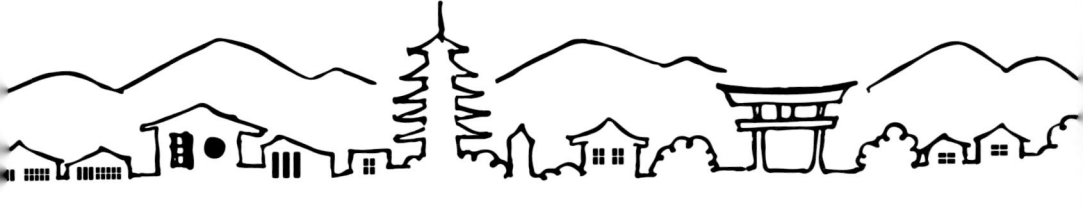

バスの車両デザイン

1. デザインを変えない伝統的カラー

　利用者にとっては、同じ行先のバスならバス事業者が異なっていても同じ色のバスの方がわかりやすいのですが、バス車両のデザインはバス停と同様に事業者によって異なります。同じ会社でもバス車両のデザインが何度か変更されてきた事業者もあります。

　例えば、会社の周年行事に合わせての変更や、時代の変化に応じてより現代的なデザインに変更、会社の組織形態が変わることをきっかけとした変更などです。事業者によっては、グループ会社で使用していた車両を転属した際に、前事業者のデザインのまま運行することもあります。

　逆に、デザインを長らく変更しない事業者もあります。京都市バスは1952～1953（昭和27～28）年頃に採用されたデザインが現在まで引き継がれています。京都市内中心部は三方を山に囲まれており、車体全体は緑を意識した「若草色」に、車体に引かれた濃い緑（濃緑色）の2本線のうち、太い線は「鴨川」、細い線は2説あり、断定できませんが「高瀬川」ないしは「疏水」がイメージされています（**写真1**）。

　京阪バスも、第二次世界大戦後に採用されたデザインが現在まで変化していません。京阪バスは、それまでの「銀バス」と呼ばれていたデザインを1950（昭和25）年4月から現在の赤と白のカラーリングに変更しました。当時、アメリカの影響で派手な色彩とデザインが好まれるようになってきたため、アメリカのグレイハウンド（Greyhound）社のデザインが参考にされました。「赤白」が採用されたのは、注目度が高いからだそうです（**写真2～4**）。

　京阪バスのデザインは全国のバス事業者にも注目され、類似のカラーリングを採用したバス事業者も多数あるほど影響を与えました。

　2002年の乗合バスの規制緩和以降、京都市内で新たにバスの運行を開始したバス事業者は、これまでにないデザインが選ばれています。プリンセスラインは赤色、ヤサカバスは黄色（**写真5**）、ケイルックが運行する京都らくなんエクスプレスは黒色を基調としており、市内のバス事業者にはない塗色です。醍醐

コミュニティバスは白色を基調としていますが、白は車両の汚れが目立つので、一般的にバス事業者からは敬遠されがちなだけに登場時は驚きました。醍醐コミュニティバスに乗るたびに綺麗な白色を見るとバスを運行する意気込みが伝わってきます。中京交通も白色を基調としたさわやかなデザインです（**写真6**）。

2．復刻塗色バス

　バスの車体デザインを何度か変更すると、会社設立の周年行事やイベントなどでかつての塗色が復刻されることもあります。昔の利用者には懐かしく、当時を知らない人にはレトロでおしゃれに映るでしょう。

　京都府内では、京都京阪バスが2021年10月16日から復刻塗色のバスを運行しています。京都京阪バスの発祥である宇治田原自動車商会は、1922（大正11）年10月1日に路線バスを運行開始しており、そこから100周年を迎えるにあたって、お茶の京都DMOの協力を得て復刻塗色のバスが運行されたのです。京阪宇治交通時代の1967〜1982（昭和42〜57）年頃に採用されていた塗色が復刻され、車内もレトロ調に仕上げられています。車内広告枠には、昔のバスや沿線風景の写真が展示されています。一般車と同様、通常の路線で運行されているので、レトロバスに出会えるのは運次第です（**グラビア**、**写真7**）。

写真1　車体デザインが長く続いている京都市バス

写真2　京阪バスも赤と白のデザインが長く変わらないが、定期観光バスは2024年3月から「おこしバス」の愛称とロゴマークが追加された

写真3　京阪バスの定期観光バスの一部車両は、従来と異なるデザインを採用

写真4　70年以上続く京阪バスの赤と白のカラーリング

写真5　黄色を基調としたヤサカバス

写真6　2024年４月から西日本ジェイアールバス園福線の南部を代替運行する中京交通も白を中心としたデザイン

写真7　京都京阪バスの復刻塗色車には、これまでの社名の変遷が書かれている

写真8　映画撮影のため京都交通時代のデザインに復刻された京阪京都交通のバス

　映画の撮影のため、旧塗色が復刻されたのが京阪京都交通のバスです。映画『つぎとまります』は、バスの運転士になりたいという子どもの頃の夢を叶えた女性運転士が主人公です。映画の舞台は京都府亀岡市で、主人公が子どもの頃に走っていたバスの登場シーンに合わせて、当時のデザインが復刻されました。当時の車両は残っていなかったので、映画の舞台で運行される京阪京都交通のなかで最も古いバス車両が選ばれ、当時のデザインを忠実に再現しました。昔の塗色のバスが走る時代は、バスの行先表示器もデジタル化されていなかったので、当時の方向幕に戻すこだわりです。映画撮影の終了後、方向幕はデジタル表示器に再度戻されましたが、復刻デザインはそのままに、しばらくは一般路線で運行されています（**グラビア、写真8**）。

　なお、この車両は1988〜2018年まで京阪バスに所属し、その後、京阪京都交通に転属しました。

3．多彩なデザインのラッピングバス

　バス事業者の収入の基本は運賃ですが、広告も貴重な収入源です。バスの車体には広告枠がありますが、車両全体を広告で包んだ「ラッピングバス」も多くの事業者で広まりました。広告は企業の宣伝が中心ですが、公的機関の広告も多彩な内容です。

　なかでも、公共の場で赤ちゃんが泣いても「焦らなくても大丈夫」、「泣いても気にしませんよ」という京都府の「WEラブ赤ちゃんプロジェクト」ラッ

写真9 「WEラブ赤ちゃんプロジェクト」ラッピングバス

写真10 プロバスケットボールチーム「京都ハンナリーズ」ラッピングバス

ピングバスのように、時代を反映しているラッピングもあります（**写真9**）。

　京都市内は景観条例により、ラッピングバスも他都市に比べて比較的配色が抑えられているのが特徴です（**写真10〜12**）。店舗も同様で、全国チェーン店でも他の地域とは異なるデザインが見られます。

　京都府では、府内の地域資源に着目した観光地域づくり「もうひとつの京都」が進められています。その一環として、府内のエリアのコンセプトを「海の京都」、「森の京都」、「お茶の京都」、「竹の里・乙訓」として設定し、地域ブランドの醸成が目指されています。これらコンセプトのラッピングバスが、

写真11　京都市美術館開館90周年記念展「村上隆 もののけ 京都」ラッピングバス

写真12　京都市営交通100周年記念「デコレーションバス烏丸営業所バージョン」：テーマは「川から海へ流れる清流」。この他に西賀茂営業所・梅津営業所・九条営業所・錦林出張所のバージョンがあり、独自のデザインになっている

2020年8月17日から京都府内の10社各1両のバスで翌年3月末まで運行されていました。2022年5月1日からは第2弾として10社各2両のバスに新たなラッピングが施され、翌年3月末まで運行されていました（**グラビア、写真13、14**）。バス自体も地域ブランドを発信するアイコンの1つとして、位置付けられた取り組みといえます。一部のバスは現在でもラッピングを継続して運行されています。

写真13　「もうひとつの京都　お茶の京都」ラッピングバス：2020年度版（京阪バス）

写真14　「もうひとつの京都　海の京都」ラッピングバス：2022年度版（京都交通）

　京阪京都交通にはラッピングではないのですが、バスの車体にちょっとだけキャラクターが描かれたレアなバスがあります。バス車両のデザインに赤丸の部分があり、この丸の中は白色の塗りつぶしが標準です。しかし、3台だけこの丸のなかに、それぞれウミガメ、アザラシ、ペンギンのイラストが描かれたバスが存在します

写真15　丸のなかに動物が描かれた京阪京都交通のレアなバス

（写真15）。これらは、沿線にある京都水族館の生きものです。これらバスは決まった路線で運行されていませんので、見つけたらラッキーです。

4．電車とコラボしたバス

　電車が描かれているラッピングバスが京阪京都交通で運行されています。バスなのに電車がラッピングされているのは、沿線に京都鉄道博物館があり、誘客と宣伝を兼ねているためです。京都鉄道博物館は最寄りにJRの駅があり、京都市バスも運行されていますが、京都駅から鉄道博物館の往復であれば、博物館の入場券付き乗車券セットが京都駅烏丸口前のバスチケットセンターや阪急桂駅東口京阪京都交通案内所、JR桂川駅前バス総合案内所で販売されています（**写真16**）。

　以前は、バス自体を電車のデザインに合わせた「電車に見えるバス」が京阪バスのステーションループバスで運行されていました。京阪七条駅から京都駅前や梅小路のホテルを結ぶ系統が新設された際、鉄道からバスの乗り換え抵抗を少しでも和らげようと、バスのデザインを京阪電車の特急と同じ色にしました。車内放送も京阪特急と同様のメロディが流れ、さらにバス停のデザインも鉄道の駅名標と同じにするこだわりでした。現在は、電気バスに置き換わり、京阪特急デザインのバスは終了しましたが、バス停は京阪電車と同じデザインが引き続き使用されています（**写真17〜20**）。

5．懐かしいバスの保存（ボンネットバス、ツーステップバス）

　ドラマや映画では、昔の風景の要素の１つにボンネットバスが登場するこ

写真16　車体に新幹線500系がデザインされた京阪京都交通のバス

写真17　京阪電車8000系と同じカラーリングが施されていた京阪バス

写真18　バス停も京阪電車の駅名標と同じデザイン

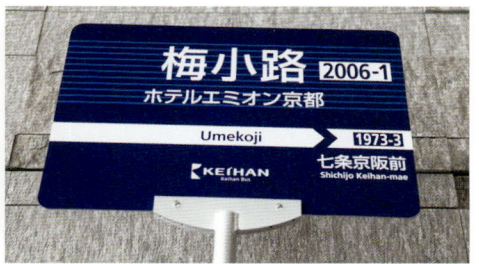

写真19　旧デザインのバス停

写真20　新デザインのバス停：電車内の路線図にもステーションループバスの路線が掲載され、電車とバスの一体的な運行を目指している

とがあります。ボンネットバスが日常で運行されていた時代を知らない人も増えましたが（私もです）、「昔のバス」というイメージの象徴として根強い人気があります。

　一般路線からボンネットバスが退いた後も、観光用として残しているバス事業者もありますが、車両の維持管理が大変で、徐々にその数を減らしています。一方、ボンネットバス風にした車両やボンネットバスに見えるけれど、新規に製造されたバスなどもあります。

　京都府内では、丹後海陸交通がボンネットバスを保有しています。ボンネットバスは冷房がないため夏場の運行が難しく、稼働期間が限定される点が課題ですが、丹後海陸交通のバスには後付けで冷房が備えられているのが特徴です。

このバスは、もともとバスの愛好者団体が保有していた車両でしたが、丹後海陸交通に移り、2004年から丹後半島をめぐる定期観光バスとして運行されていました。現在は、イベント時に運行されることがあります。

　2006年までは、旧：瑞穂町（現：京丹波町）が奈良交通から譲り受けたボンネットバスを運行していました。当初は奈良交通の塗色のまま運行されていましたが、のちにかつて瑞穂町内で運行されていた国鉄バスの塗色に復元されました。このバスは現在では府外の別の地域に移籍しています。

　ボンネットバスを知らない世代にとっては、前後扉のバスが懐かしいかもしれません。ノンステップバスやワンステップバスが主流になりつつある現在、バスは中扉から乗車し、前扉から降りる車両が増えましたが、以前はバスの後ろの扉から乗車していました。さらに段差があり、少なくとも2段は登る必要がありました。バリアフリーの観点からこのようなバスは徐々に姿を消しつつあります。そのため、京阪京都交通の復刻塗色バスも前後扉でツーステップという点で、密かに人気です（**グラビア**）。

6. バス会社にバスをプレゼント ── お茶室がある宇治茶バス

　バスの値段は車両によって変わりますが、一般的な大型バスだと3千万円前後、電気バスなどまだ多く普及していないバスは、さらに高価格です。コストを抑えるために、バスを長く使用することや中古車を購入することも多々あります。

　バスの購入には補助制度もあり、国や自治体からの支援を受けられることも多くあります。かつて、京都市バスでは「かたつむり大作戦」の募金から寄贈されたバスが走っていました。かたつむり大作戦は交通事故を減らすことを目的として、地元の放送局である京都放送（KBS京都）が主催していたキャンペーンで、公共交通の積極的な利用も呼びかけられていました。寄贈された車両は、主に急行101号系統の専用車両として使用され、のちに一般の系統でも運行されていました。車体に記載された、かたつむり大作戦のロゴと、ロゴをあしらった車内座席モケットが特徴でした（**写真21〜24**）。

　京都京阪バスでは、茶畑景観が広がる山城地域の観光振興を目的として地域団体と協力した「宇治茶バス」が2023年3月26日に登場しました。車体デザインは宇治茶の緑を基調とし、茶畑が描かれています。こだわりは車内デザ

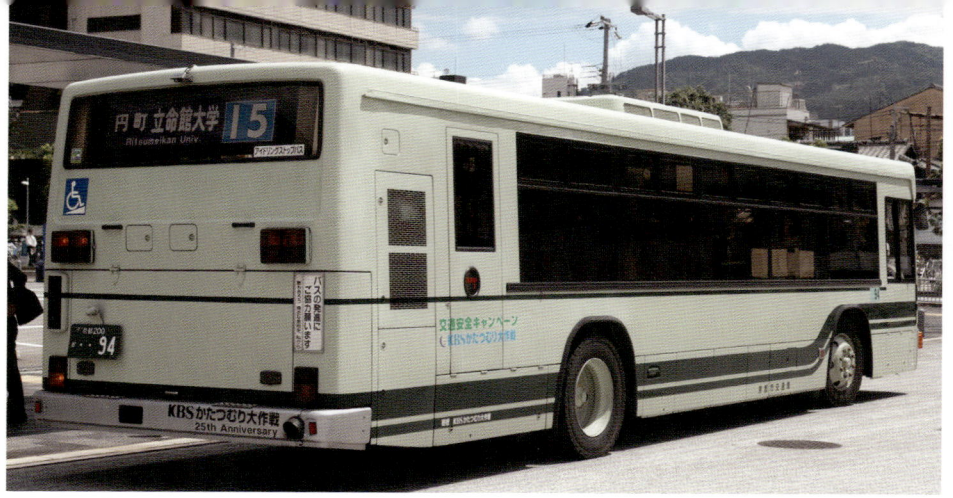

写真21　「KBSかたつむり大作戦キャンペーン」から京都市バスに寄贈されたバス車両

写真22　車体にはキャンペーンからの寄贈が記載されていた

写真23　キャンペーンのロゴマーク入りの座席

写真24　寄贈時はラッピングバスだった

写真25　宇治茶バスの車内

写真26　バス後部は猪目窓を模した窓に
向かい合わせの座席で、テーブルも設置さ
れている

写真27　宇治茶バスは、降車ボタンも
猪目窓を模したハート形

インです。バスの入口には茶壺、後方の窓は宇治田原町の正寿院の猪目窓を意
識したハート形、車内後方は黄金の茶室をイメージした対面式座席です。さら
に、降車ボタンの表示もハートです。目的地に移動するための手段だけではな
く、乗ること自体が楽しめるバスですが、保安基準を満たす点が最大の難関だっ
たそうです。

　バス車両そのものは京都京阪バスが購入し、改造にかかわる経費の一部を
京都府茶業会議所とJA京都やましろが負担しており、バスの改装をプレゼン
トしたといえるでしょう。お茶の京都DMOが中心となって、地域内の各種イ
ベントなどで活躍しています。通常は一般の路線バスとして随時各路線で運行
され、期間限定で土休日にJRや京阪電車の宇治駅から宇治田原町の奥山田正
寿院口方面で運行されています（**グラビア**、**写真25〜27**）。

バスのバリアフリー化と車内デザインの統一

1．車いすスロープの変化

　路線バスでは、バリアフリーの推進によってバスのステップの段差が極力抑えられてきました。ノンステップバスやワンステップバスが増えているのは、そうした背景によるものです。それまではツーステップバスと呼ばれる２段の

写真28　段差があるバスでも車いすでも乗車できるよう、車両前部にリフトが備えられていた京都市バスの「リフト付きバスふれあい号」

写真29　バスの前扉に設置されていた電動式車いす用スロープ：車いすが曲がりやすいよう、運賃箱の角が切り欠いてあった

写真30　中扉にスロープが設置された手動引き出しタイプ

写真31　電動式は故障時に引き出せないことや、手動引き出しタイプは出し入れに手間がかかるため、折り畳みタイプが増加した

写真32　スロープ板を車内に常備し、その都度設置するタイプも主流になりつつある

ステップが主流でした。京都バスには４段ステップ車もかつては存在していました。これはバスの車高が他よりも高いのではなく、１段あたりを低くすることで乗りやすさを工夫したバスで、ノンステップバス登場までにも様々な工夫が試みられていました。

　バリアフリーがあたり前の時代になり、誰もが使いやすいバスに近づいています。段差が２段以上あるバスでは、車いすでのバス利用に大きなハードルがありました。そこで登場したのが、リフト付きバスです。

　京都市バスで採用されていたリフト付きバスは、前扉に車いす用のリフトが付いて、電動で上下していました。保有台数も限られているため、車いすでの定期的な利用がある路線で集中運用されていました。時刻表にもリフト付きバス車両で運行の注釈が記載されていましたが、急な車両の変更もあるため、利用者はできるだけ事前に連絡してほしい旨のお願いがされていました。その後のワンステップバスやノンステップバスでは、車いすでの乗降が比較的容易になりましたが、段差は存在するためスロープ板が車両中央扉に付けられました。このスロープはいくつかの種類があります。当初は車体から電動で出し入れするタイプでしたが、故障時にはスロープを出すことができない難点がありました。次に登場したのは、中央扉の床にスロープを折り畳んで収納されたタイプです。手動でスロープを開け閉めするので故障はないのですが、バス車両と歩道との間隔や段差によっては安全にスロープを置くことができません。現在主流なのは、車内にスロープ板を常備し、運転士がバス乗降口にスロープ板を置くタイプです。手動で板を置くという原始的な方法ですが、これが最も確実で融通が効くのです。こうした様々な試みがバリアフリーにつながり、今後も進化していきます（**写真28〜32**）。

2．ベビーカーでのバス乗車

　ワンステップバスやノンステップバスは車いすだけではなく、ベビーカーでの乗降もずっと楽になり、私も娘が乳児の頃はとても助かりました。実際、ベビーカーでバスに乗車した後、ベビーカーは車内でどのようにしたらよいのでしょうか。

　基本は、バスの進行方向とは「逆向きに」ベビーカーを固定することです。ベビーカーをバスの進む方向と同じ向きに置いている人をよく見かけますが、これは大変危険です。バスが急に止まったときに赤ちゃんが飛び出してしまう可能性があるからです。ですので、バスの進行方向とは逆にベビーカーを固定することを心がけてください（**写真33～35、図1**）。

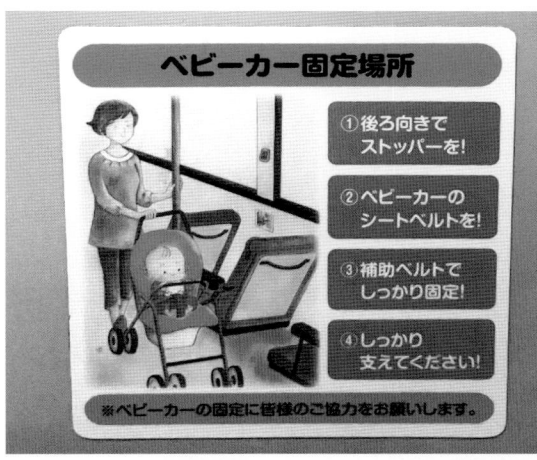

写真33　京都市バス車内に掲示されているベビーカーの固定場所と方法

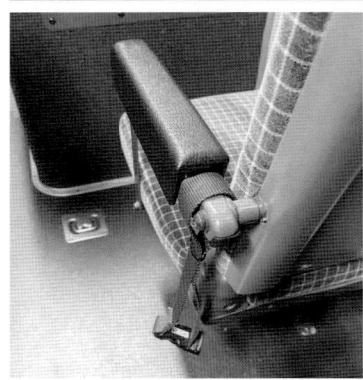

写真34　バス座席に付けられたベビーカー固定ベルト（京都市バス）

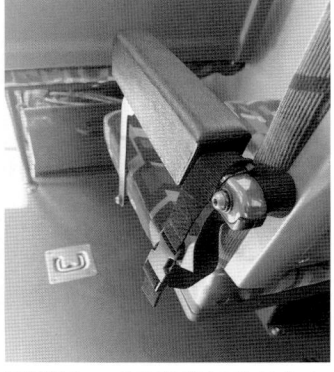

写真35　バス座席に付けられたベビーカー固定ベルト（西日本ジェイアールバス）

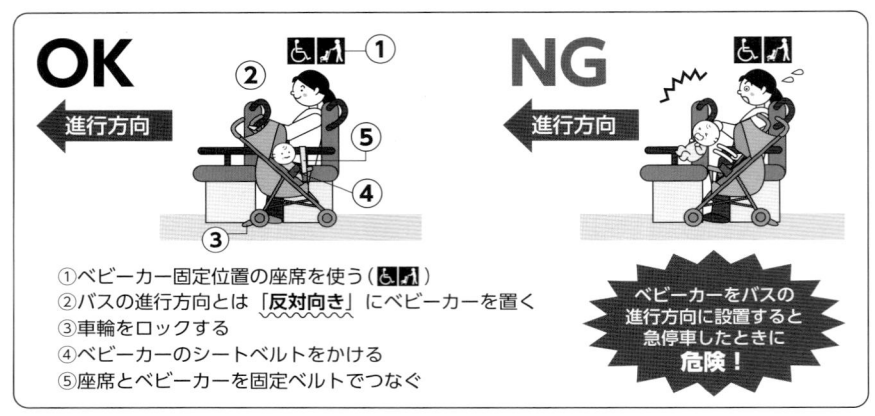

図1　ベビーカーでバスを利用する際の注意点

注）固定ベルトはバス会社により固定する数や方法が異なるため、乗車前に各バス会社のホームページで確認すること

　最近のバス車両では、中扉の近くにベビーカーを折り畳まずに設置できるスペースが設けられています。座席とベビーカーを固定することができます。固定方法はバス事業者によって異なり、例えば、京都市バスは座席に固定ベルトが設置されています。

　バスから降りる際も後ろ向き、かつ最初は保護者からで、次にベビーカーの順で降りてください。ベビーカーから先に降りると、段差でつまずき、赤ちゃんが飛び出してしまうことや、バスをすり抜けようとする自転車とぶつかる危険があります。

　ベビーカーでの乗車ではない人でも、バスの降車時に注意しなければならない点があります。それは「扉が開くまでその場から動かない」ことです。昔は乗降時間がかからないよう、バスが降車バス停に近づくと席を立って降車扉付近に移動するのが習慣でした。しかし、バスの発車直後と停車直前は衝撃でバスが強く揺れます。そのときに車内で転倒する事故が絶えません。「バスが停まるまで動かないでください」と案内放送や運転士さんがマイクで伝えても、車内転倒事故が起きるとバスの運行がその場で停止されることがありますし、運転士が責任を負わされることも多く、周囲に大きな影響が出ます。

　習慣は変化するので、現在のバス乗車時の習慣は「バス乗車時はすぐに座るか、つり革や手すりを持つ、降車時はバスの扉が開くまでその場で待つ」ことが多くの人に伝わることを願っています。

3. 座席を減らしたバスの悩み ── 大型荷物搭載バス

バスに乗った際、座席数が多いと座れる確率が高まるので嬉しいですが、バスが混雑していると座れないどころか満員で乗車できない可能性もあるので、バスの座席の数は利用者もバス事業者も悩ましいところです。

かつて京都市バスでは、観光利用を中心とした急行系統で、座って快適に観光地をめぐってもらおうと2人がけの座席を中心としたバスも運行されていました。しかし、急激に観光客が増加したため、車内の通路が狭く混雑時の積み残しや降車に時間がかかって定時に運行しにくいなどの課題があり、姿を消しました。

京都市内の観光客の増加によりバス車内の混雑や、途中のバス停から乗車できないなどの声が増えてきました。市バスでは、少しでも多くの人が乗車できるよう座席数を減らした「ラッシュ型」と呼ばれる車両の導入を進めてきました（**写真36、37**）。

一方、大型のキャリーバッグを持った利用者も増加しています。海外からの来訪者が増えるなか、長期滞在する人ほどキャリーバッグは大型で、なかには1人で複数のキャリーバッグをバス車内に持ち込む人も目立つようになりま

写真36　通常タイプのノンステップバスの車内：中扉の奥は2人がけが中心

した。そうすると、ただでさえ乗りきれないバスなのにキャリーバッグが車内を占めることで、ますます乗車できない事態となってしまいます。そこで、試験的に登場したのが荷物置き場を設置したバスです。1座席分を荷物スペースにした車両と、後部の3分の1程度の座席スペースを荷物置き場にした車両の2種類が登場しました。荷物置き場を設置することで大型の荷物が収まり、車内の空間が若干確保できる考えです。ただし、座席や立つスペースが減少していくので、多くの人が乗車できるわけではありません。このバスは、あくまでも大型荷物に対する車内混雑の緩和が目的でした（**写真38、39**）。

あまりの大型荷物の多さのため、現在では方針が変わり、大型荷物をコインロッカーや預かり所に置いた「手ぶら観光」や、宿泊施設への手荷物輸送サービス、京都市内でのバス利用時は大型荷物を持ち込まないマナーの啓発などを京都市や交通事業者が情報発信しています（**写真40〜45**）。

「大型荷物は持ち込み料金を徴収してはどうか」という声もありますが、運転士が料金を徴収する手間や徴収による運行時間の増加、係員が徴収するにもコストがかかりすぎる点など、悩ましいところです。そのなかでも京都バスでは、石油缶程度の大きさ以上の荷物や、スキー・スノーボードなど長尺の物品には「手回り品」として最大310円を徴収しています。京都バスは、京都市北東部や滋賀県の朽木方面への路線を古くから運行しており、沿線の広河原ス

写真37　ラッシュ型のノンステップバスの車内：中扉の奥に1人がけ座席を設置することで立つスペースを増やしている

写真38　2019年3月に導入された京都市バス「荷物置き場スペース（大）」設置バス

写真39　2019年3月に導入された京都市バス「荷物置き場スペース（小）」設置バス

キー場や登山客の利用が多かった経緯があるからです。スキー場は閉鎖されましたが、現在でも広河原や朽木方面の路線は、京北地域や比良山周辺への登山・ハイキング客で人気です。

4．座席モケットのデザイン

　電車の座席に様々なデザインがあるように、バスの座席もバリエーションが豊富で、バス事業者独自のこだわりのデザインがまだまだ見られます。「まだまだ」というのは、ノンステップバスの普及を後押しするために、国土交通省が2004年1月から「ノンステップバスの標準仕様」の認定制度を開始し、車内デザインの統一が進んでいるためです。

　ノンステップバスを広く普及するためにはバス自体の価格を抑えることと、利用者にとっては利便性や安全性の向上も必要です。そこで、認定制度ではノンステップバスの乗降口の幅やステップの高さ、車内後部の段差など様々な点を移動等円滑化基準にそって標準化することで、製造コストの削減とユニバーサルデザインによる使いやすさと安全性の向上が目指されてきました。また、標準仕様の車両を導入するバス事業者については補助金が交付される点も普及の後押しとなりました。

写真40　バス車内への大型荷物の持ち込みが深刻化したため、2023年からは手ぶら観光を推進中

写真41　大型荷物の持ち込みでバスに乗車できないことが増えたため、2023年から京都市バスでは大型荷物の持ち込みは遠慮いただく方針に変化した

写真42　京都駅前からのバスの混雑緩和に向けて、最繁忙期には地下鉄利用を勧めるブースが設置された

写真43　手ぶら観光推進に向けて、最繁忙期に設置された臨時手荷物預かり所

写真44　新幹線京都駅で下車する人に向けて地下鉄の利用を勧める、新幹線改札内の臨時地下鉄・バス1日券販売所

写真45　地下鉄・バス1日券カードは初回利用時に日付の印字が必要だが、バス降車時に多くの人が印字することでバスが遅延する。2回目以降は日付を運転士に見せるだけで降りられるので、初回利用者が多い京都駅前では最繁忙期に移動式運賃箱であらかじめ印字している

写真46　ノンステップバスの標準仕様にもとづいたバス車内（京都市バス）

　バスの内装については、国土交通省のガイドラインで、誰もが安全かつ使いやすい配色が定められています。手すりや押しボタンなど、目立たせたいパーツは「朱色または黄色・赤色」、注意箇所は黄色、座席はわかりやすい配色、床・天井や壁面は、それらと十分な明度差を付けるよう規定されています。

　明度差を付けるため、天井や壁面は淡色のグレー、床はグレーが最適となり、座席は注意箇所や手すりなどと同じ色が使えません。そこで、わかりやすい配色にするには青系統の色が適しています。そのため、多くのバス事業者では青色の座席が採用される傾向にあるのです（**写真46**）。

　ただし、青一色に限定されているのではなく、模様やロゴが入っていても青系統の色がわかりやすければかまいません。京阪バスは青系統の布地に「K」のロゴがデザインされています（**写真47**）。

　これに対して、現在でも独自デザインを採用しているのが京都バスです。車体と同系色の落ちついた茶系のシートには京都の名所がデザインされています（**写真48**）。このシートモケットは、2021年の京都バス創業100周年を記念しクッションにして販売されました。同時に京都市バスでは、かつて採用されていた緑地に御所車がデザインされた座席シートモケットクッションも販売されました。

　京都バスの車内のこだわりは座席だけではありません。観光客に車窓を楽しんでいただけるよう、窓に広告やお知らせの紙などをいっさい貼りません。観

光地を走る路線を運行するバス会社ならではのこだわりです。しかし、近年こだわりをやめなければならないことがありました。新型コロナウイルス感染症の拡大です。マスクを着用してバスに乗車するお知らせが京都バスの窓に貼られましたが、それほど深刻な事態だったといえます。

　バスは中古市場も活発で、あるバス事業者で廃車になった車両も他の地域で第二の人生を送ることがあります。車体デザインこそ運行される

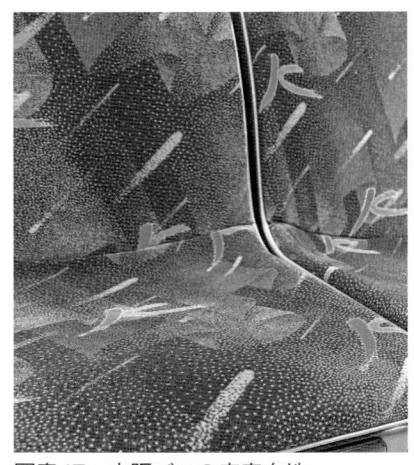

写真47　京阪バスの座席布地

地域のバス会社のカラーになることがほとんどですが、車内モケットはそのままのことがあります。普段乗っているバスとちょっと異なる座席デザインを見たら、それは他所の地域で活躍していたバスかもしれません。

写真48　京都バスの座席布地

環境に配慮したバス車両

　SDGsの推進を目的に、環境に配慮した社会的行動が求められています。京都議定書発祥の京都府内では、以前より環境に配慮したバス車両が取り入れられてきました。

　現在、多くのバスで採用されているのが、アイドリングストップ機能です。バスの停車中にアイドリングを止めることで環境に配慮するとともに、エネルギーを節約する目的で導入されました。当初は、一般的に知られていなかったので、バスの車体に「アイドリングストップ車」と記載されていました。

　近年、普及が進められている環境配慮型のバスの1つが電気バスです。京都府内でいち早く導入されたのがプリンセスラインバスです。その後、国からの補助制度が充実するなか、複数の事業者で採用が進んでいます。京阪バスが導入に積極的で、京都府内では2019年4月から運行開始した、京阪電車七条駅と京都駅や梅小路を結ぶ「ステーションループバス」では、2021年12月22日から4台すべての車両がビーワイディージャパン（株）の小型電気バスで運行されています。

　京阪バスによれば、電気バスのエネルギーコスト（1台あたり年間40万円）がディーゼルエンジンバス（1台あたり年間143万円）よりも抑えられ、CO_2排

写真49　京阪バスの小型電気バスの車両のうち1台は、白色を中心としたデザイン

出量も1台あたり年間38.8 t削減できるそうです。

　電気バスの車両は京阪バスの赤白カラーが基本ですが、そのうちの1台は白を基調とした塗色です（**写真49、50**）。京阪電車七条駅で下車、または京都駅近くのザ・サウザンド京都、京都センチュリーホテルか、梅小路近くのホテルエミオン京都で宿泊・利用すると、通常運賃230円が現金100円で利用でき

写真50　京阪バスの小型車両電気バス

写真51　ステーションループバスの割引券販売所（七条駅）

写真52　京都バスの電気バス「オオムラサキ号」

写真53　バス車
内に設置された
USB充電設備

るチケットがもらえます（**写真51**）。

　2023年12月には京都バスでアルファバスジャパン（株）の電気バスが2台導入されました。1台は大原を中心に運行される「オオムラサキ号」で、もう1台は嵐山を中心に走る「e-アラシヤマ号」です。オオムラサキ号は、切り絵作家の望月めぐみ氏がデザインしたラッピングで、大原地区で保護活動が行われている国蝶「オオムラサキ」がデザインされています（**写真52、グラビア**）。バスの後部には、三千院門跡ご門主直筆のお言葉が載っており、京都洛北大原の地の魅力を伝えています。また、ナンバーは三千院にちなんだ「30-00」です。e-アラシヤマ号も望月めぐみ氏が担当し、嵐山地域の名勝や源氏物語をイメージしたデザインです。

　電気バスは、車内のほとんどの座席にUSBの充電設備があるのがうれしいサービスです（**写真53**）。

１．40年前にも電気バスがあった

電気バスは現在多くのバス事業者で導入が進められていますが、以前より電気バスの運行は試みられていました。例えば、戦前には嵐山バスで電気バスが運行されていましたが、戦時中や戦後の電力不足により姿を消しました。

大都市圏で排気ガスによる環境汚染が深刻化していたなか、1972（昭和47）年から1973（昭和48）年にかけて東京・名古屋・大阪・神戸などで相次いで電気バスが導入されました。京都市では1973（昭和48）年に電気バスが導入されたのですが、他都市はバスを新造したのに対して、京都市ではトロリーバス車両の改造という異色の導入でした。

トロリーバスはバスと同様、線路なしで運転できるのですが、動力は電車と同じく架線からの電気が必要です。京都では1969（昭和44）年９月30日限りでトロリーバスが廃止（四条大宮〜松尾橋）されました。このときに廃車になったトロリーバスの１両が京都市交通局に保存されており、日本電池（株）で改造のうえ、「みどり号」の愛称で登場しました（**写真54**）。

当時の京都市電は、1972（昭和47）年１月に市電千本・大宮・四条線が廃止されたとはいえ、市内中心部には多くの路線がありました。京都市交通局は、この市電のネットワークを活用した新たな交通体系を模索していたようです。すなわち、市電と重複する区間では市電と同じ架線から電力を供給され、市電が運行されていない郊外部はバッテリーで自走する車両を検討し、その試験車として電気バスを位置付けたのです。

みどり号は、当時のバスよりも車体が小さい（定員56名）わりに重量があって馬力不足だったようです。加速が遅いため、後続のバスに追いつかれて団子運転になることもしばしばあり、ラッシュ時間帯を避ける運用が組まれていました。１回の充電で約60km走行できますが、１回の充電に半日かかるため、運用は限定的でした。1977（昭和52）年当時、４号系統（京都駅八条口〜深泥池）に電気バスが充当され、京都駅八条口を6：07発と9：03発の２往復のダイヤでした。

当時、乗車したことがある人によれば、「発車のたびにサイリスタチョッパ車独特の耳障りな音がするものの、騒音や振動が少なく、乗り心地自体は悪くない」とのことでした。末期は故障も多発し、1977（昭和52）年10月に廃車されました。

写真54　京都市バスの初代電気バス「みどり号」
出典：田中幹也氏

　京都市バス 2 代目の電気バスは、初代電気バス廃止の約 1 年半後、1979（昭和54）年 5 月21日に 3 台が導入されました。京都市西部に位置する洛西ニュータウン第 1 期入居の時期で、郊外の「緑豊かな街」のイメージに貢献すると期待され、洛西営業所に配置されました。

　1976（昭和51）年に洛西ニュータウンが通産省（当時）の「電気バス運行モデル地区」に指定されたのがきっかけで、通産省の外郭団体である（財）日本電動車両協会（EV協会）が、電気バス車両や運行に必要な諸設備にかかる費用の半額を運行開始後 5 年間補助し、京都市バスは運行データを同協会に提供する協定が結ばれ、電気バス導入に至ったのです。

　電気バスの定員は70名と既存のバスとほぼ変わらず、車長が 1 m短い点を除けば一般車と変わらない外観でした。車両の前面には「電気バス」を示す外板が掲げられていました。運行開始当初は、33甲号系統（東新林町～阪急桂駅前）や34号系統（西竹の里町～阪急桂駅前）で 1 日20往復の運行でした。1980（昭和55）年 2 月 1 日には 3 台増車され、 1 日44往復まで拡充されましたが、

写真55　洛西営業所内で保存されていた京都市バスの２代目電気バス（左）：車庫スペースが必要となったため、現在は売却済み

７月には24往復に削減されました。

　バッテリー交換は容易で、１回の充電で洛西ニュータウン内から阪急桂駅の２往復分に相当する約60km走行できました。しかし、１回の充電は４時間かかることと、当時は燃料費がディーゼル車の２倍かかること、24,000km（充電約400回）ごとに１基600万円のバッテリーを交換する必要がありました。利用者にとっては上り坂になると途端に速度が落ちることや、何よりも非冷房であった点が不評でした。補助金の交付終了後も運行されていましたが、1987（昭和62）年７月16日に運行を終了しました。

　廃車になった車両のうち、１台は市バス洛西営業所に保管されていましたが、2022年に売却されました（**写真55**）。もう１台は日本電気（株）に売却され、自家用車として工場内の見学者向け輸送や工場内のイベント時に活躍していましたが、車両の部品不足のため現在では工場内に保存されています。

２. 大量の乗客を運べる奈良交通の連接バス

　通勤・通学時間帯や観光シーズンでバスが満員になることがありますが、車両自体を大型化して一度に大量の輸送を実現したのが「連接バス」です。京

写真56　奈良交通の連接バス「YELLOW LINER 華連」

都府精華町内で奈良交通が連接バス「YELLOW LINER 華連」の名称で運行しています（**写真56**）。

　奈良交通の連接バスは全長18m、定員は130人と通常のバスの約1.5倍で、2018年３月30日から祝園駅と光台地区で運行を開始しました。光台地区は関西文化学術研究都市（けいはんな学研都市）の中心である精華・西木津地区に位置しており、住宅や企業が立地しています。平日朝夕の通勤・通学時間帯でバス利用者が集中し、この地域は連接バスの威力を発揮するのに適した環境といえるでしょう。

　連接バスは車長も定員も通常のバスよりも大型であるがゆえに、起終点の用地が通常のバスよりも必要とされます。また、車庫での整備や点検には連接バスのための設備が必要です。複数台導入することで固定費用が削減できますが、運用が常時混雑している路線や時間帯などに限定されますし、そのような路線がバス事業者の中に多数あるとも限りません。日常的に混雑している京都市バスでも導入が期待されますが、駅前ロータリーの改修が必要で、実現は難しいそうです。

進化中のバスの行先表示器

1．布製の幕から塩化ビニールへの変化

　現在、バスの行先表示器の主流は発光ダイオード（LED）になりつつあります。バスに関する古い資料を見ると、当初は行先表示がない、もしくは板に行先が表示されるなど簡素な表示でした。バスには車掌さんが乗車していたので、乗車の際に行先を案内することも利用者が尋ねることもでき、小規模の会社であればバスの系統も少ないので、日常の利用者は簡素な行先表示でも困ることはなかったでしょう。

　バスの路線が増え、駅前や繁華街などから多くのバスが発着するようになると、バスに掲げられた方向幕と呼ばれる行先表示の情報は利用者にとって重要です。行先表示の素材は布地で、文字は手書きでしたが印刷に代わり、素材もポリエステルフィルムへと変化していきました（**写真57**）。

　ワンマンバスの時代になると、運転士は運転以外の仕事が増えていきます。例えば、車内放送や運賃の受け取りなどです。方向幕の切り替えもその1つで、自動化される前は手回しハンドルでした。バスによっては方向幕の表示が「起点←→終点」の表示でどちらに向かうバスかわかりにくい時代もありました。利用者にとってはわかりづらいのですが、方向幕を替える手間を省くことで、運転士の負担を軽減したいという事情もありました。その後、方向幕の切り替えも自動化され、表示内容が充実されるようになったのです。

　ただし、切り替えが自動化されても方向幕には課題が残りました。方向幕はポリエステルフィルムになってから薄く耐久性も増しているので、収録するコマ数が布製よりも増やせますが、あまりにも収録コマ数が多いと表示の回転に時間がかかります。

　何よりも、収録できるコマ数に限りがある点です。それは、スイッチ操作する側の設定数にも限りがあり、京都市バスでは99コマが最大でした。さらに、難題はバスの行先や系統番号が変わると、その都度新しい方向幕に取り換えるか、方向幕に新たなコマを継ぎ足す必要が生じます。大規模なダイヤ改正では、方向幕そのものを一斉に変更します。バス車両にも1日の運行シフトが決まっ

写真57　方向幕時代の京阪京都交通

ているので、ダイヤ改正前日に運行されない車両は余裕を持って変更作業ができますが、その日に動いている車は運行が終了次第、続々と交換作業が始まります。規模の大きいバス営業所ほど作業する車両が多いので、深夜から翌朝まで続けられるハードな作業です。また、ポリエステルフィルムの方向幕は、産業廃棄物として処分する必要もあります。

2．単色LEDからフルカラーLEDへ ─ 多彩な表現が可能なフルカラーLED

　方向幕の様々な課題をクリアしたのがLEDによる表示です。従来の方向幕とは異なり、デジタル化により収録できるコマ数が大幅に増加しました。追加やデザインの変更も方向幕に比べて容易なので、多くのバス事業者で導入が進みました。

　LED行先表示器がバス事業者で導入された当初は、オレンジ単色の表示でした。ほとんどのバス事業者では行先を表示するのに単色で問題はありませんが、方向幕に多彩な表示や情報を入れていた事業者にはさらなる課題が出てきました。

　行先表示に飛行機や競馬場などイラストを記載するバス事業者があります。

写真58　紫地の方向幕時代の京都市バス

空港や競馬場など行先の文字だけではなく、アイコンが記されることで利用者が視覚的に理解しやすくなるためです。フルカラーで多彩な表現が望ましいのですが、単色の表現でも大きな問題はないでしょう。しかし、最も困ったのが京都市バスです。

　市バスは系統番号の背景色をオレンジ＝循環系統、青＝均一運賃系統、白＝整理券系統として区分しており、日常的な利用者もその色と意味を理解し慣れていました。市バスも一部車両で単色LEDの車両が入ったのですが、従来の系統番号を区分する表示ができません。さらに、2014年3月には方向幕のデザインを一新する取り組みが進んでいたのです。

　市バスの新しい方向幕デザインは、南北の通りにラインカラーを定めるとともに、行先の表示内容の種類や英語表記などを充実させたのが特徴です。色と文字による多彩な表現は単色LEDで再現することが困難です。そこで、市バスはLEDが主流となった時代にもかかわらず、あえて前時代の方向幕を主流とする決断をしたのです（**写真58〜60**）。

　多彩な色で行先が表示可能で、細かい文字も表現できることから方向幕と同程度の機能を持っていたフルカラーLED（FC-LED）はすでに販売されていたものの、関西地域ではまだ主流ではありませんでした。将来、FC-LEDが広く普及するまでの間、市バスは方向幕を選択したといえます。

写真59　京都市バスの大型車では、2010〜2013年に単色LED車を導入していた

写真60　2014年から京都市バスは新しい方向幕車を導入し、デザインも黒地に変更された

京都府内でFC-LEDをいち早く導入したのが、京都バスです。2016年に導入された京都バスのFC-LEDは同社の方向幕と遜色なく表現されていました。この導入成果を踏まえて、2018年11月から市バスもFC-LED導入に舵をとり、新車だけではなく既存の方向幕車も順次FC-LEDに置き換えられました。2024年3月には、既存の単色LED車以外はすべてFC-LED行先表示器になりました（**写真61〜63**）。

　ここまで市バスが行先表示にこだわるのは、京都市内の都市構造にあります。多くの地域では、駅前から周辺地域に対して放射状に路線が形成されています。途中までは重複する路線がありますが、京都市のような格子状の道路網の場合、途中まで同じ経路という路線もある一方で、AからDまでの経路で一方はBを経由し、もう一方はCを経由して再度Dで交わる路線が多数存在します。そのため、バスの行先表示には終点だけではなく、経由地の情報が重要です。さらに海外からの利用者が多く、英語表記も必要とされる事情もあるからです。

写真61　京都バスが2016年に導入した京都府内初のフルカラーLED車

写真62　京都市バス初のフルカラーLED車（車両番号：3487）

写真63　京都市バス初のフルカラーLED車（車両番号：3530）

3. 発車時刻を表示するバス

　駅でバスに乗り換えるとき、目の前に停まっているバスはいつ発車するのか、「もうすぐ」なのか、「まだまだ時間がある」のか、そんな不安を解消するのが発車時刻を表示するバスです。

　行先と発車時刻が交互に表示され、利用者にとても便利な表示です。最初に導入したのは京阪バスで、2003年から始めています。京阪バスでは2003年にバスにGPSを取り付け、バスの位置情報をバス停や同社のＷｅｂサイトにリアルタイムで接近情報の表示を始め、同時に運行指示書を電子化（電子スターフ）しました。バス運転士は、曜日や系統など運転する経路や時刻は日によって異なりますが、スターフは運転士がその日に運転するバスの系統や出入庫時間などが記載されたものです。電子スターフに登録されたバスの運行時刻情報とバスの行先表示器が連動しており、運転士が乗務の時に自分が運転する系統を選択すると、発車時刻も表示されるシステムを導入したのです（**写真64～66**）。

　鉄道駅やバスの起終点など、発車時刻まで若干時間があるバス停で時刻表示が行われています。このサービスは好評で、2018年には大阪府の高槻市バスに、2021年には神戸市バスに広がり、2024年には阪急バスにも導入されました。

写真64　行先表示器に発車時刻を表示する先がけとなった京阪バス

写真65　発車時刻表示は阪急バスにも採用された

写真66　発車時刻は車体横にも表示

4．LED行先表示器の様々な表現

　このように、LED行先表示器の導入によって様々な表現が可能になりました。イベント開催時や卒業入学シーズンにメッセージを表示するバス事業者もあります。奈良交通は2023年に創立80周年を迎え、バスの「回送」表示の右に「奈良交通創立80周年」が表示がされました。

　バスを待っているとき、やって来たバスが「回送車」だとガッカリしてしまいます。そんな利用者の想いをくんで「すみません回送中です」と表示しているのが京阪京都交通で、2015年から始められました。京阪京都交通はこのほかにも、「京都パープルサンガ」のＪ１昇格記念や、臨時バスの運行時に特製のLED表示を行うことがあります（**写真67〜69**）。

　京都バスでは嵐山方面の一部のバスでは行先表示器に渡月橋と紅葉のイラストが表示されています。京都駅方面の系統では嵐山や京都駅近くでは日本語よりも英語の表記を大きく表示することで、海外からの観光客が京都駅行

写真67　京阪京都交通の「すみません回送中です」表示

のバスであることを理解しやすくしています（**写真70、71**）。

　2024年3月に全車両がLED化された京都市バスでは、6月1日からFC-LED車で各系統の最終便の行先表示器の周りを赤枠で囲む「終バス表示」が復活しました。方向幕時代にも終バスは「赤灯」を、終バスの1便前は「緑灯」を表示していました。利用者にとっては緑灯＝乗れなくてもあと1本バスがある、赤灯＝これが最終便の

写真68　京都パープルサンガJ1昇格を記念した表示

バスと、遠目でもわかりやすい表示でした。市バスの行先表示器が方向幕から
FC-LEDに変わる時期ではFC-LEDでの終バスや、その1本前の便の表示を
行っていませんでしたが、全車がLED行先表示器になったのを機に復活しま
した（**写真72〜75**）。

写真69　入学や卒業シーズンで見られる特製の行先表示
出典：京阪京都交通（株）

写真70　京都バスのイラスト入りの行先表示

写真71　海外からの来訪者向けに英語を大きく表示

写真72　最終便表示が赤枠で復活した京都市バス

写真73　様々な場面で活用されるLED行先表示①：京都大作戦輸送時の表示

写真74　様々な場面で活用されるLED行先表示②：スルッとKANSAIバスまつり開催時の表示

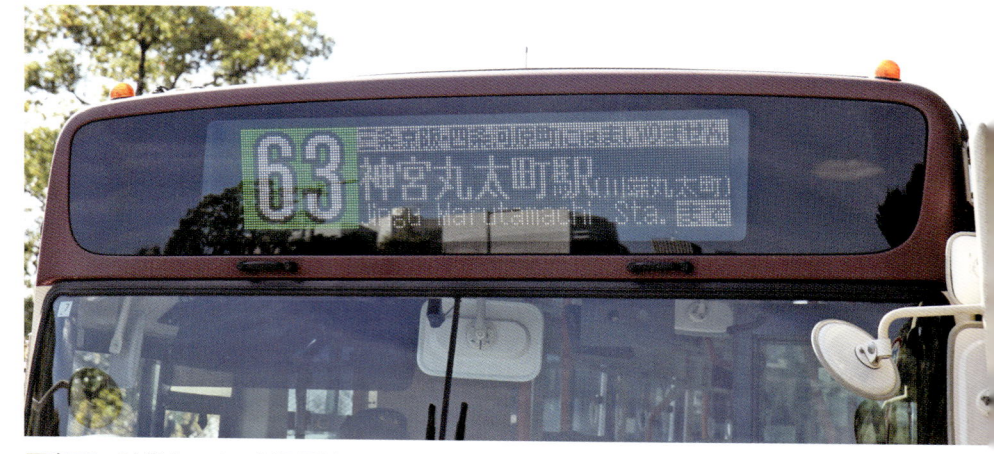

写真75　時代まつりの交通規制により、多くの人が利用する三条京阪や四条河原町に行かないため、「まいりません」を表示した京都バス

安全・安心なバスの運行を目指して

●安全運転訓練の専用車両

　公共交通では最も大事なことは「安全運行」です。安全なバスの運行を実現するため、バス事業者はバス運転士の研修期間を十分に確保し、路上での練習も行っています。時折、路上で見かける「練習車」、「訓練車」、「教習車」などの表示が掲げられたバスは、そのバス事業者に入った運転士が練習しているバスです。また、運転技術の向上を目指して京都市内では京都市バスが「安全運転訓練車」を保有しています。

京都市バスが保有する安全運転訓練車

乗務員の実地訓練を一般のバス車両で行う「教習車」

●知っておきたいEDSS

　バスの運転士が乗務中に急な体調不良によりバスを運転できなくなった際、乗客が非常ブレーキを押すことでバスが自動的に停まる「ドライバー異常時対応システム（EDSS）」を搭載するバス事業者が増えています。

　バス運転席後ろのEDSSボタンを強く押すと、バスは徐々に速度を下げ緊急停止します。バス車外では大きなブザー音が鳴り、ハザードも点滅します。EDSSのボタンが押されたら乗客は座っている人も立っている人もつり革や手すりに強くつかまり、子どもがいる人はしっかりと抱きかかえてください。もしものときのためにぜひ知っておいてください。

運転士がバスを運転できなくなった際にバスを停めるEDSS装置

EDSSの使い方は車内に表示されている（京都バス）

COLUMN.2

前から乗るのか、後ろから乗るのか
ー地域や事業者で異なるバス乗降のお作法

　私たちがよく利用する地域以外でバスに乗るのが不安な理由の1つは「バスのお作法が異なる」点でしょう。バス車両や停留所、時刻表のデザインなどバス事業者によって異なりますし、何より迷うのが「前扉から乗って先に運賃を支払い、後扉から降りるバス」と、「後扉から乗って降車時に運賃を支払い、前扉から降りるバス」、「前扉から乗って降車時に運賃を支払い、前扉から降りるバス」、「行きと帰りで乗降扉が逆になる（当然運賃の支払い方も）」など地域

によって様々なことです。

　これは、その地域の人が使いやすい乗降方法が採用されているためです。例えば、均一運賃の場合は、どこまで乗っても運賃は一緒なので先に支払っても問題はありませんが、距離に応じて運賃が変わる場合、降りるときに支払うのが合理的です。均一運賃と距離制運賃が混在しているバス事業者の場合、両方とも降りるときに支払う方が利用者も覚えやすいでしょう。

　京都市バスは、どの系統も基本的に「後ろ乗り運賃後払い・前降り」ですが、一部の系統で「前乗り運賃先払い・後降り方式」を導入したことがありました。これは、観光客の急増によりバスが混雑したことが原因です。運賃後払いだと、清水寺や金閣寺などの最寄り停留所で多くの人が降りるとき、運賃の支払いに時間がかかってバスが遅れるためです。1日乗車券は磁気カードで、初めて降りるときはカードリーダーに通す必要があります（2回目以降は、日付が印字されている裏面を運転士に見せるだけで下車できます）。カードリーダーに磁気カードを通すのにも利用者が多いと時間がかかります。

　そこで、2017年10月に多くの人が乗車する京都駅前から発車する急行100号系統で「前乗り運賃先払い・後降り方式」の実証実験が行われました。その結果、1人あたり6.5秒かかっていた乗降時間が6.3秒と0.2秒短縮されました。2019年3月16日から急行100号系統と多客時に臨時運行される東山シャトルで、前乗り先払い方式が導入されました。乗車時に時間はかかりますが、バスターミナル内で渋滞を発生させることがないので、渋滞が発生する可能性のある途中停留所での降車時間を短縮することを考えたのです。コロナ禍により、これら系統が運行休止されたため、先払い方式はいったん姿を消しましたが、2024年6月1日に運行を開始した観光特急EX100号・EX101号系統で前乗り

2024年6月から運行開始したEX100号・EX101号では前乗り先払い方式が採用されている

先払い方式が復活しました。これは乗降時間の短縮もあるのですが、通常のバスでは運賃が230円のところ、これら系統のみ運賃が500円ということや、定期券や敬老乗車証などでは乗車できないなど運賃制度が特殊なため、乗車後の利用者の混乱を避ける意味合いもあります。

京都市バスの前乗り実証実験中の急行100号系統

COLUMN.3
バスに貼られた白くまシールの意味は
ー冷房が珍しかった時代のキャラクター

一般の路線バスで冷房が普及してきたのは1980（昭和55）年代からです。全車両が冷房車になるまでは冷房車と非冷房車が混在して

冷房車であることを示す「白くま」の看板が掲げられた京都市バス

いたので、バスの前面には冷房車であることを示す看板が付けられていました。例えば国鉄バスではペンギンが、京都市バスでは白くまのイラストが掲載され、涼しさをアピールしていました。市バスでは全車両が冷房車になった後も、冷房車看板に広告が入っていたことや冷房を入れていることを示すため、白くまイラストの冷房車看板がバスの前面に掲げられていました。冷房車看板は、京都の街に夏の到来を告げるアイコンの1つでした。

　現在では、バスの前面に看板を取り付けるパーツが省略され、看板を取り付けることはなくなりましたが、いまでもバスの入り口に白くまのシールが貼られている車両があります。

COLUMN.4

系統番号はバス行先表示の右か左か

　京都市内では系統番号がとても重要な情報です。では、バスの行先表示器の右端と左端のどちらに系統番号が記載されているのでしょうか。全国的にも系統番号を表示しているバス事業者の多くは左側です。京都市内でもほとんどの事業者が系統番号を左側に表示しているなか、京都市バスはバスの前面は右側に表示しています。

　このこだわりは、「バスが何台も来たとき、歩道でバスを待っている人が系統番号を見やすいように」配慮しているからです。市電も右側に表示しており、系統番号を最初に確認する習慣をふまえた表示方法です。1989年に導入された市バスの新車では、系統番号が方向幕の左側に表示されましたが、利用者からの苦情が殺到したそうです。そのため、翌年には系統番号が右側に戻されました。それほど市バス利用者は系統番号を中心にバスを利用しているといえます。

　以前は、バスの後ろの行先表示も系統番号は歩道寄り（向かって左側）に表示されていましたが、バスの前と後ろで別々の方向幕を用意する必要がありました。コスト削減の一環として前後共通の方向幕になり、LED車もこの表記を踏襲しているため、バスの後ろの系統番号は右側に表示されています。京阪バスは1996年に方向幕デザインを変更した際、市バスに合わせて経路番号を向かって右側に表示していましたが、LEDになり、行先表示器が左側に戻りました。

1989年に導入された京都市バス車両の系統番号は左側に表示されていたが、翌年の車両から右側に戻された

京都市バスに合わせて経路番号を右側に表示していた京阪バス

第 4 部

バスをもっと便利に、楽しく乗る

人の声からデジタル音声に
－車内放送の変化

1．肉声からテープ、音声合成、合成音声への進化

　バスに車掌さんが乗車していた時代は、車掌さんが車内アナウンスや運賃の収受を担当していました。1951（昭和26）年1月に大阪市交通局で車掌が乗車しない、運転士のみのワンマンカーが日本で初めて運行され、10月には京都市交通局や名古屋市交通局でもワンマンカーが運行を開始しました。その後、1960（昭和35）年代から全国的にワンマンカーの運行が広がっていきました（**写真1**、**2**）。

　ワンマンカーの運行により、運転士が運賃の収受や両替、車内アナウンスも担うようになったのです。肉声でアナウンスするのは運転士にとって大きな負担なので、カセットテープや8トラックカートリッジなどに車内アナウンスをあらかじめ録音し、運転士がボタン操作で車内放送を流す自動放送装置が導入されました（**写真3**）。

　カセットテープや8トラックカートリッジなどの課題は、放送内容に修正が入るたびに新たに作成し直さなければならない点です。ダイヤ改正のたびに作成する必要があるのは当然ですが、選挙公報を入れるため新たに作成し、選挙終了後に廃棄されることもありました。

　そこで、音声をデータ化したのが音声合成装置です。アナウンスの録音はカセットテープと同様に肉声を収録しますが、デジタルデータなので、「次は」や「です」などの同じフレーズはつなぎ合わせることができます。車内放送アナウンスはプロの人が声を吹き込んでおり、別々のバス事業者でもアナウンスの声が同じということがあります。

　さらに進化したのが合成音声です。これは人の声ではなく、あらかじめ作成されたテキストデータをコンピューターの音声データとして発音させたものです。修正も容易で、京都市バスでも導入されたのですが、導入当初は京都ならではの課題がありました。

　市バスでは、2014年にICカード乗車券の利用開始に合わせてバス車内の機器類を更新しました。同時に合成音声を導入したのですが、車内アナウンスの違和感が利用者の間で話題になりました。私も大変気になったのを覚えていま

写真1　1938（昭和13）年頃の
京都市バス女性車掌

写真3　左は京都市バス車内放送用8
トラックカートリッジ、右は京都バス
車内放送用カセットテープ

写真2　京都市バスの一般路線におけるツーマンバスは、1977（昭和52）年9月30日の運
行をもって終了：最後のツーマンバスは23号、33号、63号系統だった
出典：田中幹也氏

す。その違和感は「間合い」と「イントネーション」です。

　「次は、四条烏丸です」という放送から、「次は…四条烏丸…です」と、"次は"と"停留所名"と"です"の間が従来よりも長くなった間合いの違和感です。これは、停留所名をしっかり聞いてもらいたいという想いで意図的に1秒ほど間を空けたのですが、従来どおりの間合いがよいという多くの意見を受けて修正されました。

　もう1つのイントネーションについては、京都市民が発音するバス停名と車内放送で流れるバス停名のイントネーションとの違和感でした。データを作成・調整したのが他地域の会社で、京都ならではのイントネーションが再現できていなかったためです。

　その後、修正に修正を重ねていくのですが、最も大変だったのが修正後のチェックをした市バスの担当者だったそうです。毎日毎日、修正された音声を聞いているうちに、本当のイントネーションがわからなくなってしまったそうです。何せ、市バスの車内アナウンスは500パターン近くありますので。現在では、日常の利用者にとって違和感のない車内アナウンスが流れています。

2．バス会社の社長が作曲したイメージソング

　イメージソングを制作したバス会社はいくつかありますが、京都バスもその1つです。京都バスは創業100周年を記念して、2021年12月22日に「女ふたり－京都、バスに揺られて」を発売しました。京都バス創業以来の主要な沿線の1つである大原地域は、1965（昭和40）年にデューク・エイセスの「女ひとり」で歌われ有名になりました。その後、旧：国鉄の「ディスカバー・ジャパン」キャンペーンもあり、大原地域は若い女性を中心に来訪者が増加しました。この曲やキャンペーンを知らない世代の人が増えたことや、コロナ禍で厳しい状況となった沿線地域を応援するため、「女ふたり－京都、バスに揺られて」が制作されたのです。

　「コロナ禍で厳しい思いをした地元の方々が勇気づけられるよう、また多くの観光客に来ていただけるようなイメージソングがつくれないか」という京都バスの社長の想いから、社内で制作委員会を立ち上げ制作されました。曲中では沿線のスポットが歌われています。1番は大原三千院、2番は貴船神社や鞍馬、3番は嵐山渡月橋が登場するアップテンポの曲で、歌詞では「女ひとり」

の時代から「女子旅」という女性の旅行スタイルの変化が見られます。

この曲は Claíomh Solais が作詞し、この2人が歌っています。注目は作曲者です。作曲者の吉本直樹氏は京都バスの社長という、バス業界のイメージソングでは大変珍しい作曲者です（**写真4**）。京都バスの吉本社長とClaíomh Solaisの出会いも、社長が出張先で路上ライブを聴き、「これだ！」と思い、依頼したそ

写真4　京都バスの社長が作曲した「女ふたりー京都、バスに揺られて」
出典：京都バス（株）

うです。女ふたりー京都、バスに揺られては、大原行の特急バス車内で歌が流れるほか、各系統の終点アナウンスでサビの部分が流されています。

バス車内の情報発信の進化 －多機能型車内表示器

バスの行先表示器と同様、車内表示器も進化し続けています。例えば、京都市バスでは、かつては次のバス停を表示するだけで運賃表示器は別に付けられていましたが、液晶モニターの採用により画面が拡大されただけではなく、運賃もモニターで表示できるようになりました。ただし、データ収録の容量が小さかったため、動画や広告などを表示するのは困難でした。次に導入されたLCDモニターでは、動画やバス利用時の注意、1日乗車券の使い方など多彩な内容を表示できるようになりました（**写真5～8**）。

京阪バスでは主要な駅の最寄りバス停到着前に、車内モニターに列車の時刻を表示しています。京阪バス独自の取り組みでしたが、評判が良いため高槻市営バスでも採用されています（**写真9**）。

さらに進化したのが、機器ではなく

写真5　液晶モニター普及前に主流だった停留所表示器と運賃表示器

バス事業者間の連携です。バスの車内放送やモニターの表示内容、表現方法はバス事業者によって異なるのが一般的です。しかし、バスの利用者にとっては各事業者がそれぞれの独自色を出すよりも、どのバス事業者でも同じ内容で、同じデザインや表現の方がよりわかりやすいでしょう。

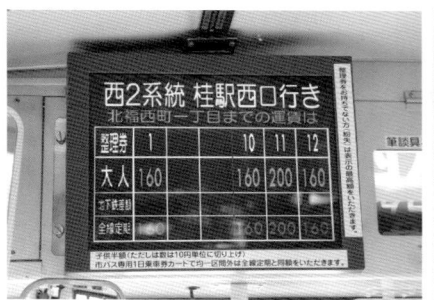

写真6　2005年頃から普及し始めた車内表示器

写真7　現在の車内表示器は、車内での注意事項や動画など多くの情報が表示できるようになった

写真8　混雑期におけるバスの迂回運行の情報が表示される

写真9　京阪バスでは、バス車内で鉄道駅の時刻が表示される

　そこで、京都市内で進められたのがバス事業者間の連携による、車内モニター案内の共通化でした。京都バスは外国人観光客の増加に対応するため、2018年3月から車内モニターを一新し、日本語、英語、中国語、韓国語の表示を強化しました。その際、京都市バスと同じモニターを導入するとともに、表示デザインや内容を市バスと共通化しました。配色だけは京都市バスと異なるのですが、本当は市バスにそろえる予定だったそうです。これまでバス事業者独自の注文を受けてきた車内モニターのメーカーは、「市バスとまったく一緒にしてほしい」という依頼が初めてで、戸惑いもあったようです。メーカーから「せめて配色は独自にした方がよいのでは」という提案を受けて配色だけは市バスと異なるものになりました。

　京阪京都交通も、京都バスにならって2019年9月から車内モニターの表示デザインを市バスにそろえました。ただし、京阪京都交通は乗車距離に応じて運賃が変わる路線が多いので、運賃表示の時間を市バスよりも長くとっています。このように、車内モニターの表示デザインの共通化は利用者にとって理解しやすくなりますし、バス事業者にとっても共通のデータを使用するので、データ作成のコストが圧縮できるメリットもあります。そのため、鉄道事業者である嵐電も、車内モニター表示のデータの一部を市バスと共通化するなど連携が広がっています（**写真10、11**）。

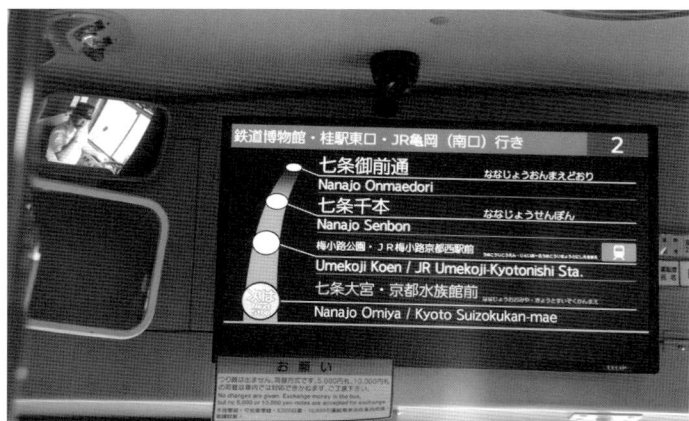

写真10　デザインや表示内容の共通化が進んでいる（京都市バス・京都バス・京阪京都交通）

写真11　バスと鉄道の間でも共通する案内情報は共有が進んでいる（京都市バス・嵐電）

京都市内のバス事業者間の連携

　このように、京都市内ではバス事業者間の連携が広がっています。かつては、「いかにして自社のバスを利用してもらうか」というバス事業者間の競争がありましたが、現在は「いかにしてバスを利用してもらうか」に考えが変わりました。ここでは、京都バスのシームレス化の挑戦と他のバス事業者への拡大を紹介します。

　京都バスの大変革は乗車距離に応じて上がっていく特殊区間制運賃から均一運賃への変更と、京都市バスと京都バスのバス１日乗車券の共通化に始まります。それまで、京都市内の均一運賃区間は現在よりも狭い範囲でした。バスの運賃は、基本的に最初に路線を運行した事業者にそろえるのが慣例です。運賃の変更も最初に路線を運行したバス事業者が変更すると、その区間を重複している事業者も同調します（図１）。

　京都市内は複数のバス事業者によって運行されており、市内中心部は市バス、郊外部は民間バス事業者という構造です。嵐山地域は京都バスが先にバスを運行しており、特殊区間制運賃制度でした。一方、京都市中心部は市バスが先にバス路線を運行しており、均一運賃制度でした。市バスは均一区間内専用の「市バス専用一日乗車券」を発売し、観光客や市民に好評でしたが、嵐山地域は区間外のため、追加運賃が必要でした。

　嵐山地域が市バス専用一日乗車券の範囲に含まれ、追加運賃が不要となれば、来訪者の増加が期待できます。そこで、市バスは嵐山地域にも均一運賃区間の拡大を京都バスにお願いしたのです。しかし、特殊区間制運賃から均一運賃に変更ということは、京都バスにとっては運賃が下がる区間が多いので減収となる可能性があります。

　市バス専用一日乗車券が京都バスでも利用できるようになれば、京都バスを利用する人も増加するとともに、一日乗車券の売り上げの一部が京都バスに支払われるので一日乗車券が売れるほど京都バスの収入が増加することが期待されます。とはいえ、京都バスにとっては本当に一日乗車券の売り上げの一部が運賃値下げの減収分を上回るか心配されるなかでの決断で、2014年３月から嵐山地域は均一運賃に変更されました。

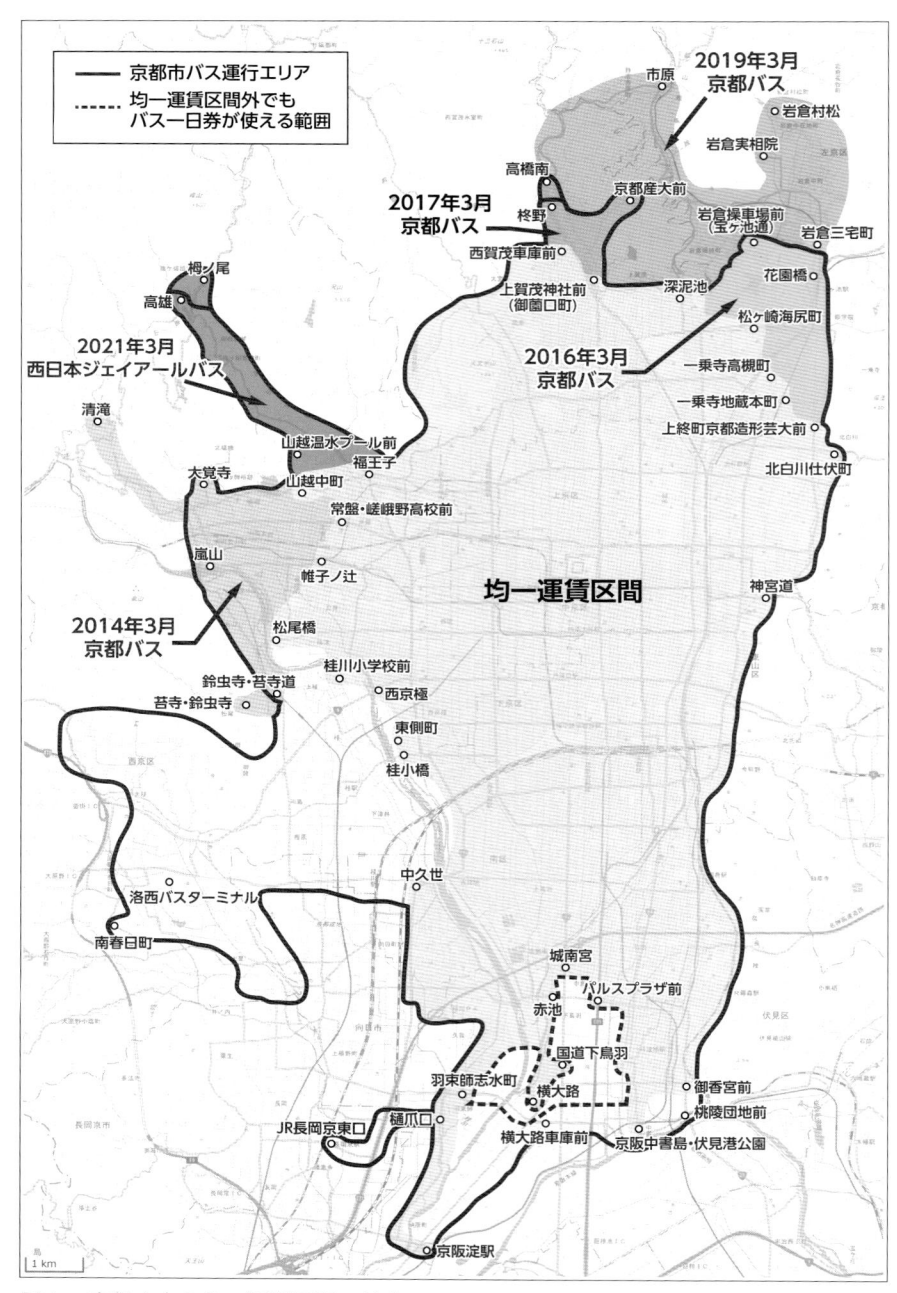

図1　京都市内の均一運賃区間の拡大
注）背景図は、地理院地図（電子国土Web）を使用

京都バスの「利用者にとって便利になること」という想いで決断に至ったのです。利用者にとっては、目的地に行くバスが市バスか京都バスかは関係なく、目の前に来た目的地へ向かうバスに乗りたいのです。これまで市バス専用一日乗車券を購入しても同じ方向に行く京都バスには乗車できませんでしたが、市バスと京都バスの両方が利用でき

写真12　京都市バスと京都バスのICカード、ICOCA定期の共通利用開始の告知

るということは、実質的にバスが増便されたのと一緒になります。一般的に本数が増えるほど利用者は増加するので、京都市内のバス利用の増加も期待できます。このような利用者目線が京都バスの決断を後押ししました。

　嵐山地域の均一運賃化により、京都バスは利用者の増加とともに収入も堅調に増加し、2016年3月には岩倉・修学院地区、2017年3月には上賀茂・西賀茂地区と、さらに均一運賃区間が順次拡大されました。

　均一運賃区間の拡大と並行して、京都バスは2015年11月のICカードシステム導入を機に市バスと運賃箱も同一機種に統一し、2017年4月には均一運賃区間の京都バスと京都市バスの両方で利用できる「ICOCAフリー定期券」が実現しました。現在では廃止されましたが、2019年3月には京都市バスの磁気カード「トラフィカ京カード」も京都バスで利用できるようになり、京都バスと市バスの運賃制度がほぼ同一となったのです（**写真12**）。

　これら京都バスの均一運賃区間の拡大を受けて、西日本ジェイアールバスの高雄地区も2021年3月に均一運賃区間に変更され、バス一日乗車券やICOCAフリー定期券も利用できるようになりました。京阪京都交通も2024年6月から桂坂地域では市バスの定期券でエリア内の京阪京都交通のバスが乗車できるようになり、運賃制度の共通化が年々広がっています。根底にあるのは、「可能な限り事業者間連携を進めて仕組みを共通化することで利便性を向上させる、利便性が上がることでバスの利用者全体が増加する」という利用者の立場に立った姿勢なのです。

バス路線図からバスマップへ
― アナログとデジタルの長所を活かす

1. 表現もサイズも悩ましい路線図の作成

　バス路線図はバス事業者のサービスを発信する大切なツールといえます。バス路線図と時刻表は昔から発行されてきました。路線図でバス路線をどのように表現すると利用者にとってわかりやすくなるか、これはなかなか難しいテーマです。

　かつては、模式図と呼ばれる空間性を意識しない路線図が主流でした。京都市バスは開業当初から模式図のバス路線図と京都市内の地図をベースにした地図式の路線図の両方を発行していました（**図2～4**）。バスの利用者は空間が把握できる地図式がわかりやすいのですが、路線網の拡大や系統数の増加により、1枚の地図のなかにはおさめきれないという課題があります。戦後の市バ

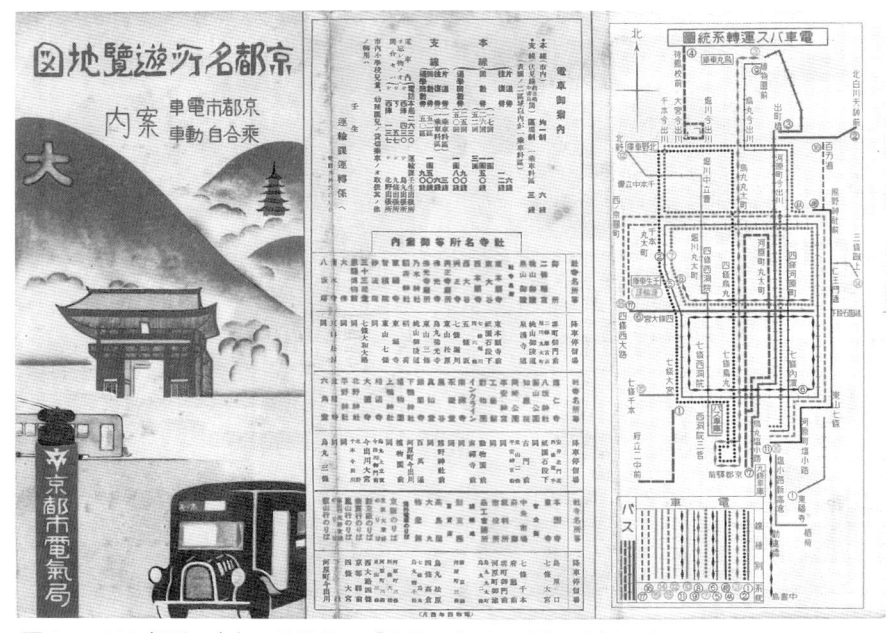

図2　1929（昭和4）年4月発行の「市電・市バス路線図」（表面）：京都市電と京都市バスの系統は模式図で描かれている

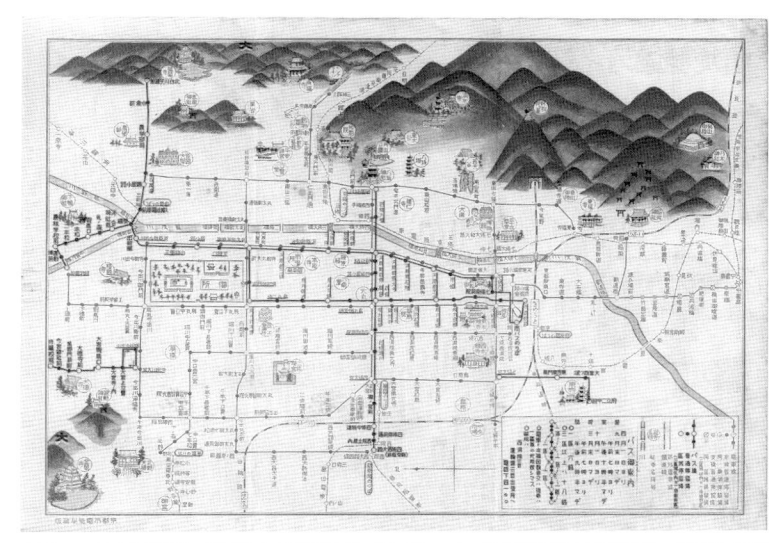

図3 1929（昭和4）年4月発行の「市電・市バス路線図」（裏面）：京都市電と京都市バスの路線は地図上に描かれている

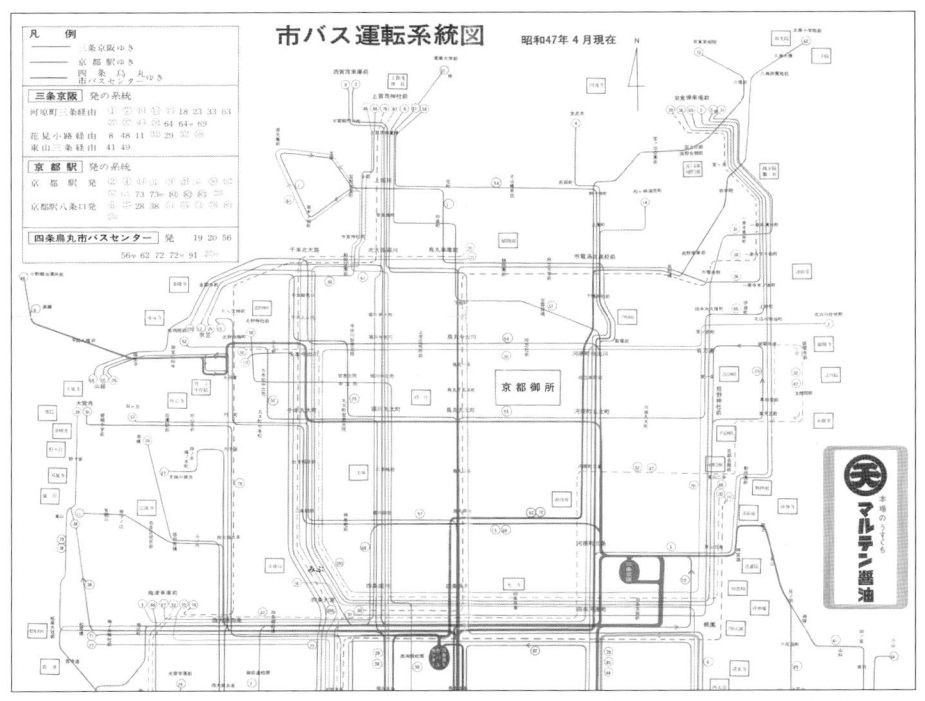

図4 1972（昭和47）年4月発行「市電・市バス案内」（裏面・北半分）：ターミナル別に路線の色を変えることで、居住地と目的地間を結ぶ系統をできるだけ見つけやすくする工夫が見られる一方で、京都市電の路線や鉄道路線、駅の記載はない

ス路線図は、増加していく系統を可能な限り記載するため、京都市の空間を意識しつつも模式図で全系統を表すタイプのものが作成されていました。

京都市民がバスで移動する際の主要な目的地は京都駅周辺と四条河原町周辺ですので、それらを起終点とする系統として、「京都駅・京都駅八条口」、「四条河原町」とその近辺「四条烏丸」「三条京阪」、「その他の系統」を色別に表記していました。ただし、この路線図は他のバス事業者はもとより、鉄道路線の記載はありません。路線図だけではわかりにくいため、別途、バス停の位置を示した地図や全系統の経由地を記載した冊子を発行していました。

その後、鉄道路線を記載するようになり、さらに地図ベースの路線図に加えて京都バスや京阪バスの一部系統も記載されるようになりました。正確な地図を背景にすると路線図のサイズが大きくなり使い勝手が悪いため、現在ではおおむね地図ベースにしながら路線図として使いやすいサイズで作成されています。

市バスで特徴的なのは、1本の路線に複数の系統番号が書かれ、主要な交差点に大きな四角を描き、そこで曲がる系統を四隅に記載する独特の表現方法です。慣れると大変わかりやすいのですが、初見では理解するのに時間がかかるでしょう（**図5**）。

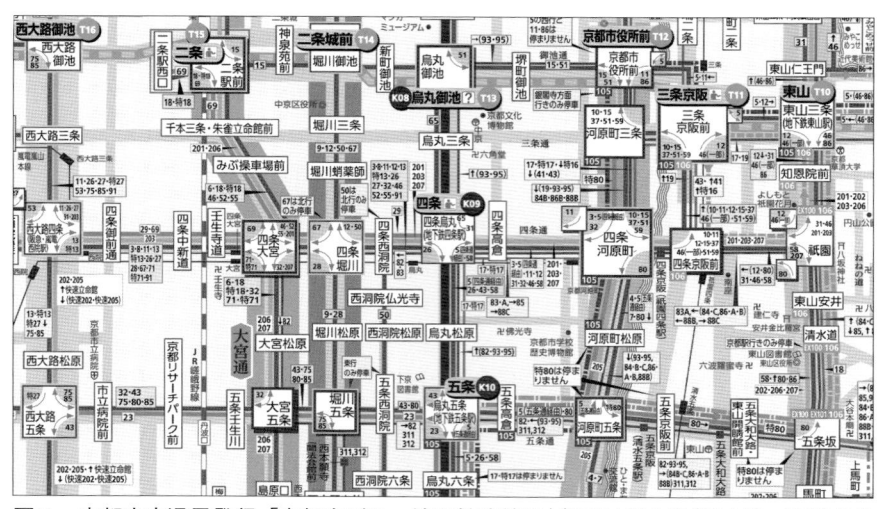

図5　京都市交通局発行「京都市バス・地下鉄路線図」（2024年6月（拡大））：交差点を四角で囲み、右左折する系統を四角内の4隅に矢印とともに記載する独特の表現手法
出典：京都市交通局

京都市内に来訪する観光客が増加したため、観光利用に特化したバス路線図も作成されています。観光客が利用しそうな路線のみ掲載されているので、通常の路線図よりは情報量がおさえられています。観光客にとっては、通常の路線図よりも理解しやすいといえるでしょう。観光客向けの路線図は日本語に加えて英語、中国語、韓国語版も作成されています。観光客の来訪地は常に変わらない人気の場所もあれば、急に注目を受けて来訪者が増加するスポットもあるので、観光客の動向を常に踏まえながら路線図を更新する難しさがあります（**写真13**）。

写真13　観光地を結ぶ主要路線に特化した路線図「地下鉄・バスなび」（京都市交通局）：日本語、英語、中国語、韓国語版が作成されている

　京阪バスや京阪京都交通、近鉄バスなどはバスの営業所ごとの路線図が主流です。同じ地域で異なる営業所のバスが運行しているバス停では、複数の営業所の路線図を見比べる不便さがあります。ネットによる情報発信が容易になった現在では、阪急バスのようにWeb上で地図ベースの路線図を公開する事業者も出てきました。また、各市町村が公共交通マップを作成し、地域内の鉄道やバスは運行事業者にかかわらず、すべて掲載する利用者が使いやすい路線図が提供されるケースも増えました（**図6、7**）。

　どのような表現がわかりやすいのか試行錯誤のバス路線図ですが、少なくとも模式図よりも地図ベースの方が使いやすいという認識は広まっており、従来のバス路線図と区別する意味で「バスマップ」と呼ばれることがあります。

2．GTFS-JPの整備によるデジタル情報提供／混雑状況もわかる／遅延予測もできる

　バスマップは移動情報を提供するツールとしてより便利になりましたが、地域全体のバス路線の情報を必要とする人よりも、「いま私が行きたいところへ運行するバスはどれなのか知りたい」人の方が多いでしょう。そのときに、バスマップから自分のいる場所と目的地を探して、両者を結ぶバスがあるのかないのか、ない場合はどこで乗り換えをするのか確認し、最寄りのバス停でバスの時刻を探す、これは大変な作業です。

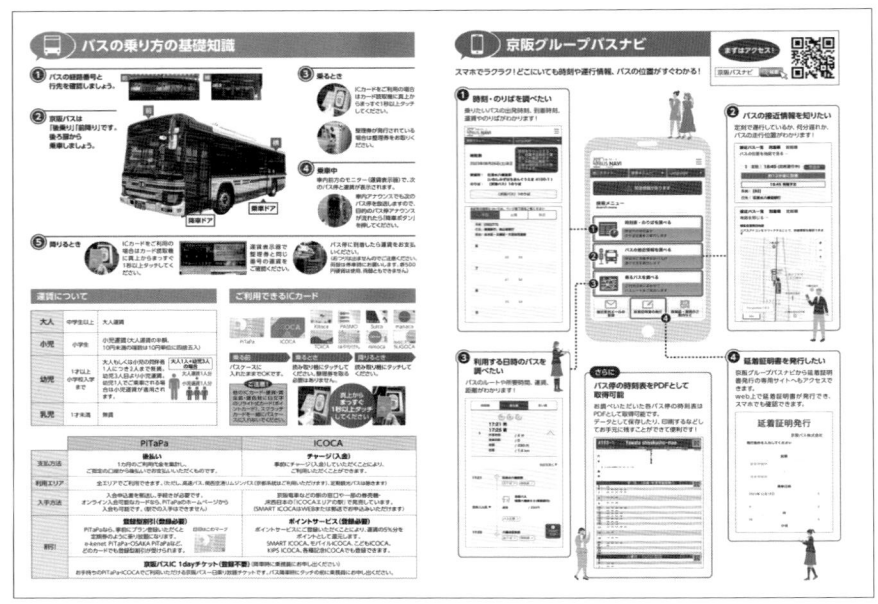

図6　八幡市公共交通マップ（表面・拡大）：表面はバスの乗り方やバス接近情報、時刻表などの検索方法などが記載されている
出典：八幡市役所

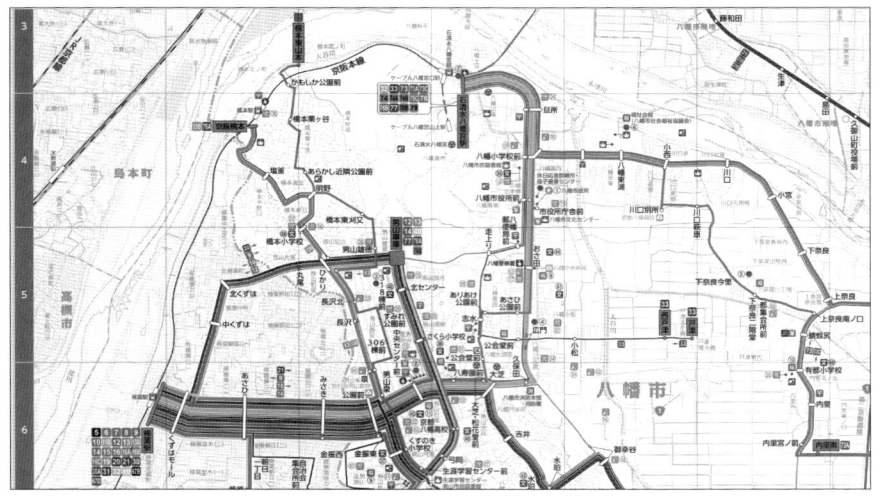

図7　八幡市公共交通マップ（裏面・拡大）：地図ベースの路線図で、運行頻度に応じて線の太さを変えている。生活圏がカバーされており、八幡市内だけではなく、隣接市まで掲載されている
出典：八幡市役所

インターネットの普及でWeb検索が容易になるとともに、バスの経路検索がより便利になりました。GTFS（General Transit Feed Specification）と呼ばれる共通ルールによって作成された鉄道やバス、航路など公共交通の情報の整備が進んでいることが背景にあります。バスではすべてのバス停標柱の位置情報、そのバス停を発着するバスの系統、時刻、行先、運賃などの情報を共通のルールに沿って作成、公開されることで、路線検索アプリやサービスなどで利用できます。京都府内ではほとんどのバスの情報が整備され、バスマップのみに頼らなくても移動情報が得られるようになりました。また、バス事業者も鉄道駅やバス停でデジタルサイネージによるバス接近情報を発信しています（**写真14～17**）。

写真14　JR亀岡駅に設置されている京阪京都交通のバス発車時刻案内

写真15　近鉄大久保駅に設置されている京都京阪バスの発車時刻案内

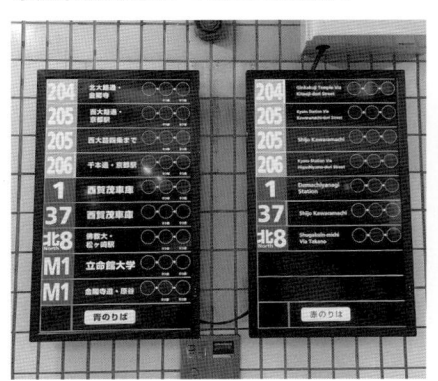

写真16　京都市バスのバス接近表示：市内の主要な停留所に設置

写真17　JR祝園駅・近鉄新祝園駅に設置されている奈良交通の発車時刻案内：下段はタッチパネルで、路線図やコミュニティバスの時刻が確認できる

写真18 京都バスのリアルタイムバス接近情報：遅れ時分をふまえた到着時刻予測や混雑状況なども表示される（四条河原町東行）

　さらにリアルタイム情報（GTFS-RT）を作成することで、遅延予想や混雑状況も発信できます。京都バスは、2023年3月から「京都バスナビ」の名称でリアルタイムの情報を発信しています。携帯端末で検索できるほか、四条河原町（東行）と大原のバス停にもモニターを設置して情報を発信しています（**写真18**）。また、京阪バスグループでは独自に情報を整備し、2017年3月から「京阪グループバスナビ」という名称で、バスの遅れ時分を反映した接近情報を主に携帯端末向けに提供しています。

対面の案内が安心
「京都市バスおもてなしコンシェルジュ」

　デジタルサイネージによる情報発信が始まった頃、ある鉄道事業者から「お客さまから改札口で同じような質問をされるのでサイネージに表示したら、むしろ質問が増えた」という質問を受けたことがあります。

　これは、モニターに表示されている情報を見て理解しても、なお心配になる人がいるためです。バスの行先表示に「清水寺」と書いてあっても、運転士に「このバスは清水寺に行きますか？」という質問が絶えないのはそのためです。どれだけ様々な情報を発信・表示しても、最後は人に聞くことで安心する

人がかなりいるようです。

　京都市内は複数のバス事業者が運行しており、系統数も多く、市民でもなかなかすべての系統を覚えることができません。特に、京都駅前はバス路線が集中し、観光客のように普段から京都市内のバスを利用しない人にとって最適な移動手段や経路を自分で見つけることは難しいでしょう。例えば、観光客で混雑する時期は、京都駅前から京都市バスの西大路通経由の205号系統に乗車して金閣寺道で下車するよりも、地下鉄で京都駅から北大路駅に移動し、そこから金閣寺道方面の市バスを利用した方が本数も多く時間も短縮されるのです。

　京都駅前では2014年3月にバスの案内情報が刷新され、デジタルサイネージが複数設置されました。しかし、来訪者がバスの行先や観光情報などをバス運転士に質問する状況が増加し、とりわけ外国人観光客でその傾向は顕著でした。国内から来た人でも国外からの人でも、対面による確認で不安を解消する心理的な行動が見られました。

　そこで、京都市バスでは2015年3月から「京都市バス“おもてなしコンシェルジュ”」が、主に京都駅前や清水道、金閣寺道などの観光利用が集中するバス停で、対面による案内活動を行っています。情報の受け手が必ずしも最適な移動手段や経路をとるとは限らないため、京都市バス“おもてなしコンシェルジュ”は、バスの案内だけではなく、目的地までの最適な移動経路を提案することで来訪者の移動の質の向上も目指しています。さらに、公共交通の案内にとどまらず、著名な場所や宿泊施設、お勧めのお店などあらゆる質問に答えるエキスパートで構成されています。

　京都市バス“おもてなしコンシェルジュ”は、京都市交通局が主体となり、鉄道・バス事業者やタクシー協会が支援し、(一社)京都市交通局協力会がコンシェルジュを組織していますが、活動の中心となるのは大学生です。京都市内は大学や短大が集中する「大学のまち」という特徴もあります。この特徴を活かして、語学や観光、街づくりなどそれぞれの分野に長けているメンバーが参加しています。特に、留学生は母国語の案内で大活躍しています。コンシェルジュの制服も、京都市立芸術大学美術学部の研究室によるデザインで、京都らしさが随所に意識されています。

　コンシェルジュによる対面の案内は好評で、京都市内で公共交通を移動することの心のハードルを下げる、移動を苦痛と感じない取り組みが続けられています(**写真19**)。

写真19　京都市バス"おもてなしコンシェルジュ"：紫色を基調に「京都らしさ」を感じさせるデザインが随所にちりばめられている。宿泊先や最適な移動手段、希望に応じたお勧めスポットの紹介など、公共交通の案内に限定されない活動が特徴

バス乗車体験会とモビリティ・マネジメント

1．心のハードルを下げる乗車体験会

　モビリティ・マネジメントは自動車に頼りきった移動から、自動車を適切に利用しつつも公共交通も使いこなすことを目指しています。そのためには、公共交通利用の心理的なハードルを下げる取り組みが必要です。2000年頃から日本各地で始まり、京都府内では宇治市を皮切りに始まりました。啓発冊子の配布とワークショップを通じた対面による働きかけや、自治体の広報誌への掲載、映像を公共施設で上映するなど幅広く情報が発信されています。

　自動車移動とコストや安全、健康などを知ることで、自動車以外の移動手段についてそれぞれが考える取り組みです。ワークショップを通じて自分がよく訪問する目的地に公共交通でも移動できるか探して、実際の移動にチャレンジすることもあります。また、幼稚園や保育園、小中学校などで「バスの乗り方教室」を行うことや、イベント時にバスの乗車体験を行う地域が増加していますが、これもバス利用の心理的ハードルを下げる取り組みといえるでしょう。

2. バスの一大イベント「スルッとKANSAIバスまつり」

　「スルッとKANSAI」に加盟しているバス事業者のバスが1か所に集結した、バスの一大イベントが「スルッとKANSAIバスまつり」です。

　スルッとKANSAIは関西のバス・鉄道事業者を中心に、当時主流であった磁気式のカードの共通利用を目指して1996年から使用され始めた名称で

写真20　第1回スルッとKANSAIバスまつりの様子（2001年、大阪市）

す。関西や静岡県、岡山県などの61のバス・鉄道事業者で構成されるスルッとKANSAI協議会があり、その運営業務を受託しているのが（株）スルッとKANSAI（2000年7月設立）です。加盟事業者が協力し合うことで企画乗車券の発行や、共同イベントの実施による利用者の増加などを目指しています。

スルッとKANSAIバスまつりの第1回は、2001年9月15日に大阪市内の大阪市交通局九条営業所の跡地で始まり、2024年6月9日の京都市梅小路公園の開催で24回目を迎えました。第1回は15の事業者の参加から始まり、第24回は39事業者まで増加する大規模なイベントに成長しました（**写真20**）。

京都府内でバスを運行している事業者で、第1回からすべて参加しているのは京都市バスと阪急バスで、京都バスと京都京阪バス（当時は京阪宇治交通）はスルッとKANSAIに加盟した第2回（2002年）以降すべての回で参加しています。ヤサカバスは、2024年4月にスルッとKANSAIに加盟した最も新しい事業者です（**写真21**）。

スルッとKANSAIバスまつりは9月20日のバスの日にちなんで例年9月に開催されていましたが、第17回（2017年：神戸市）と第18回（2018年：京都市）が台風の影響により連続で中止となったため、関係者一同が神社でお祓いを受け、第19回（2019年：京都市岡崎公園）では6月に開催、第21回（2021年：奈良市）は9月に戻されたものの、新型コロナウイルス感染症の影響により中止され、第22回以降は6月開催が続いています。

写真21　スルッとKANSAIバスまつりに初参加のヤサカバス（第24回：2024年、京都市）

COLUMN.1
多彩に活躍！萌えキャラ、ゆるキャラ

　アニメ絵風のキャラクターが観光地や鉄道会社などで活用していますが、京都市地下鉄でも「地下鉄に乗るっ」をキャッチフレーズとしたキャラクターが展開されています。地下鉄応援キャラクターですが、京都市バスでも随所で見られます。その代表格といえるのが“太秦萌”ですが、「地下鉄に乗るっ」の展開前から活躍していました。

　当初は京都市職員の有志により、地下鉄の利用促進の一環として太秦萌を使った活動が行われていました。職員の有志なので、できる限り手弁当での活動です。有志の職員さんの配偶者が太秦萌のデザインイラストを手がけ、「地下鉄を応援して京都の街を活性化したい」、そんな想いから誕生しました。その後、「地下鉄に乗るっ」プロジェクトが本格化し、メンバーが増えるとともにデザインも別の人が担当し、現在に至ります。2頭身風のデザインも登場し、バスや地下鉄の車内外やバス停、駅施設などで活躍しています。

京都市公営交通100周年を記念した「デコレーションバス梅津営業所バージョン」に初代“太秦萌”が描かれている

駅やバスの広告枠、イベントの臨時バスなどで活躍する「地下鉄に乗るっ」のメンバー

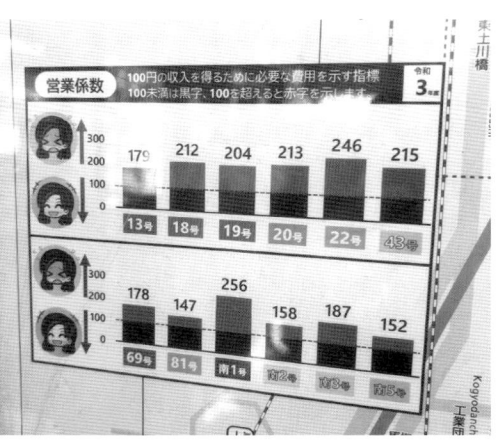

近年は、2頭身キャラクターの活躍が目覚ましい

COLUMN.2
「京都市内電車・バスフリーきっぷ」誕生秘話

京都市内の移動でバスや鉄道事業者をまたいで利用すると、それぞれの運賃が必要です。同じ距離を移動するのに、1つのバスや鉄道事業者での移動よりも、複数の事業者で移動する方が高くなります。地下鉄・バス1日券のように複数のバス事業者や地下鉄を利用できるチケットがあれば、そのような問題は

2010年12月に発売された「電車・バスでまわる『歩くまち・京都』京都フリーパス」

ないのですが、京都市内のすべてのバス・鉄道事業者が利用できる乗車券は現在ありません。

実際、京都市内を縦横無尽に移動する人は少なそうですが、ほとんどの事業者が使えるフリー切符がありました。2010年12月に「電車・バスでまわる『歩くまち・京都』京都フリーパス」として発売され、2015年からは「『歩くまち・京都』レールきっぷ」として2021年まで毎年期間限定で発売されていました。どの会社でも使えるというのは利用者にとって魅力的なのですが、切符を企画する側からすると、バスや鉄道事業者間で連携や調整がとても難しいのです。特に1枚の売り上げを各事業者にいくら配分するか「割賦」に頭を悩ませるそうです。本来であれば正規の運賃が収入となるところ、フリー切符1枚あたりの割賦額では低くなってしまいます。フリー切符自体を高額にすると売れませんし、買いやすい価格にして大量に販売できれば、1枚あたりの割賦額が低くても本来よりも多く利用されることで収入が上がります。ただし、フリー切符の販売で利用者が本当に増えるのか確約できません。これまで正規運賃での利用がフリー切符に移行しただけでは減収です。

それでも、『歩くまち・京都』京都フリーパスが誕生したのは、担当者の熱意と事業者間との信頼関係だったそうです。便利なチケット販売の陰には様々な人間ドラマが隠れていたのです。

街外れの駅、街なかのバスターミナル
一都市における両者の立地の差異

　鉄道の駅、特にJR駅からバスの移動が必要なほど離れた場所が街の中心部という地域は多くあります。その場合、JRの駅前はほどほどの賑わいか、寂しい状況です。これは、街の中心部に駅をつくりたくてもつくれなかった事情があります。

　鉄道を建設する際、途中に一定の人口規模を持つ地域がありますが、そこを経由すると遠回りとなり、路線全体のバランスが悪くなる場合があります。この場合、街から離れたところでもできるだけ街へのアクセスの良い場所が選定されます。ところが、鉄道の経由地として無視できない地域でも、街外れに駅が立地する場合があります。街の中心部に駅をつくると鉄道事業者は利用者が期待できますし、利用者も便利な場所に駅がほしいのです。そのためには線路や駅の土地の確保が必要です。既成市街地を壊して線路や駅をつくるには費用がかかりますし、反対されると土地の買収に時間がかかります。そのため、利用者ができるだけ便利な場所として、当時の街のぎりぎり外側が駅設置の場所として選ばれるのです。

　明治時代の京都市の地図を見ると、京都駅は市街地の南端に建設されたことがわかります。京都駅の場合、街の中心部に駅を設置しても東側は山なのでトンネルが必要です。当時の技術ではトンネルの建設は難しかったので、京都駅から東は現在の奈良線のルートを通って山を迂回していました。ですので、中心部に駅をつくることは難しいことがわかるでしょう。

　山陰本線も京都市街地のぎりぎり外側の西端に線路が建設され、市街地中心部に近い場所に二条駅が設置されています。嵐電が四条大宮に、叡山電車が出町柳に駅を設置しているのも当時の市街地の端だった場所です。現在の阪急京都線が建設されたとき、京都市街地はすでに西院まで拡大していました。そのため、地上に線路を建設することが難しく、西院から地下トンネルで大宮駅まで建設されました。その後、京都河原町駅まで延長されています。四条大宮や西院など同じ場所で嵐電と阪急電車が走っていても嵐電は地上、阪急は地下というのは、このような理由によるものです。そのなかで、鴨川左岸の空間を上手に活用して市の中心部至近の三条駅まで線路を建設した京阪電車の手腕が際立ちます。

地域によってはJRの駅はもともとの市街地の端ですが、民営鉄道が市街地近くまで建設している例も散見されます。また、街の中心部に鉄道駅はないですが、バスターミナルが立地して数多くの路線が集中している地域もあります。これも、市街地のバスターミナルが駅として機能しているといえます。京都市内では、か

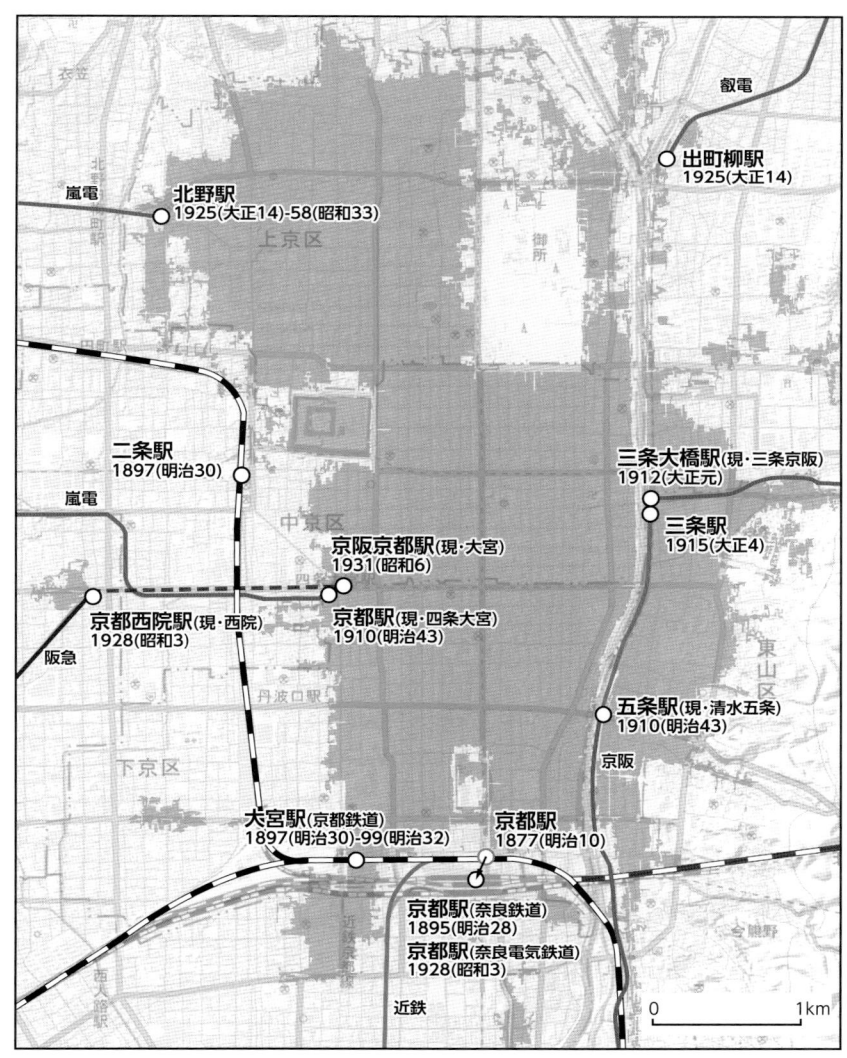

1931（昭和6）年の京都市内の鉄道路線網

注）市電は省略／濃いアミの部分は、1889（明治22）年頃のおおよその市街地・建物などの
　　範囲（一部省略）／貨物線は省略／京都駅の周辺は開業時の路線（市街地・建造物などは
　　1892（明治25）年仮製図をもとに著者作成）／背景図は、地理院地図（電子国土Web）を使用

つて四条烏丸にバスセンターが設けられていました。四条河原町は用地が確保できませんが、近くの四条烏丸にターミナルを設置することで中心市街地のバスの結節点機能が目指されていました。バスセンター閉鎖後はバスの操車場として活用されていましたが、2014年に建物の再整備にともない閉鎖されました。

　すべての街があてはまるわけではありませんが、鉄道駅やバスターミナルの立地について、旧版地形図と現在の地図を比較してみると発見があるでしょう。

COLUMN.4
バス乗降データの可視化と活用

　ICカードの普及により、バスの利用者数の把握は容易になりましたが、乗車時と降車時の両方でICカードをタッチしない事業者では「どこで乗ってどこで降りたか」把握が困難です。そのため、数年に1度交通調査を行う事業者もあります。これらの結果をもとに、今後のバス路線の新設や廃止、変更増便減便などが検討されます。

　バス路線や停留所の乗降者数を地図で表現すると、バスの利用状況が一目でわかります。そこに、沿線の人口や世代別の人口構成などのデータを合わせることで、バスの利用が期待できる地域や今後の利用者数の変化の予想などが検討できます。これらのデータはGIS（地理情報システム）を用いて地図化されます。

　人口や地図データなどが容易に入手できますし、無料のGISソフトも普及しており、自治体が作成する地域公共交通計画などでも地図化された結果が確認できます。GISを使って新規店舗の計画や、高齢者や乳児の居住状況から公共施設の立地の計画などにも活用される事例もあります。

　京都市バスの新路線の検討でも活用されています。停留所ごとの利用者データと沿線の人口構造を地図化することで、バスの利用が見込まれそうな地域がありました。周辺のバス停からは徒歩で移動するにはやや離れており、バス路線を新設することで一定の利用が期待できると判断されたのが、京都市バス70号系統の南太秦地区です。

　計画時、黒字にするのは難しいけれども、相応の利用があるので運行する意義はあると考えられました。実際に運行しても黒字化は難しかったのですが、

一定の手応えが感じられる利用状況でした。

　しかし、70号系統の利用者が大きく増加したのは、地域の方々の利用促進とその想いに応えた市バスの対応です。南太秦地域の方々がモビリティ・マネジメントに関心を持ち、地域をあげて利用促進に取り組んだ結果、利用者は小型のバスが満員になるほどまで増加しました。地域の熱心な取り組みに対して、市バスも増便や、より大型のバス車両にするなど応えました。それがさらなる利用に結び付く好循環が生まれたのです。これ以降、市バスはモビリティ・マネジメントを実施し、効果が表れた場合はできる限りより便利にしていく利用促進が続けられています。バスの利用状況の可視化による検討だけではなく、地域の方々が「バスを育てる」意識と取り組みが結び付いてこそ、バス路線は成長していくのです。

京都市バス70号系統は運行当初、小型車両だった

現在は中型車が中心だが、利用者が多く立客も出る：沿線で狭隘（きょうあい）な区間があるため、これ以上の大型車両での運行は難しい

運行開始当初の太秦小学校前バス停：バス停の用地確保が難しく、電柱をバス停標柱代わりに使用していたが、歩道の整備により現在はバス停標柱が立っている

【参考文献】・京都バス(株)：30年のあゆみ、p.39、1976
・京阪京都交通10周年記念事業準備委員会：京阪京都交通10周年記念誌、p.18、2015
・京阪バス(株)：京阪バス100年史、p.304、2022
・乗合自動車協会：社団法人日本乗合自動車協会十年史、p.714、1937
・阪急バス株式会社社史編集委員会編：阪急バス50年史、p.373、1979

京都の路線バス徹底解剖

2024 年 10 月 17 日　　第 1 版第 1 刷発行

著　　者　井上学
発 行 者　村上和夫
発 行 所　株式会社 オーム社
　　　　　郵便番号　101-8460
　　　　　東京都千代田区神田錦町 3-1
　　　　　電話　03(3233)0641(代表)
　　　　　URL　https://www.ohmsha.co.jp/

© 井上学 2024

組版　アーク印刷　　印刷・製本　三美印刷
ISBN978-4-274-23263-3　Printed in Japan

本書の感想募集　https://www.ohmsha.co.jp/kansou/

本書をお読みになった感想を上記サイトまでお寄せください。
お寄せいただいた方には、抽選でプレゼントを差し上げます。